G. L Plitt

Jodokus Trutfetter von Eisenach

Der Lehrer Luthers in seinem Wirken geschildert

G. L Plitt

Jodokus Trutfetter von Eisenach
Der Lehrer Luthers in seinem Wirken geschildert

ISBN/EAN: 9783744626873

Hergestellt in Europa, USA, Kanada, Australien, Japan

Cover: Foto ©ninafisch / pixelio.de

Weitere Bücher finden Sie auf **www.hansebooks.com**

Jodokus Trutfetter von Eisenach

der Lehrer Luthers

in seinem Wirken geschildert

von

Dr. Gustav Plitt,

ordentl. Professor der Theologie.

———————

Erlangen.

Verlag von A. Deichert.

1876.

Unter den Lehrern Luthers, welchen man begreiflicher
Weise einen mehr oder minder großen Einfluß auf des spätern
Reformators geistige Entwicklung zuschreibt, pflegt seit langem
vornehmlich der Erfurter Professor Jobocus Trutfetter ge=
nannt zu werden. Und mit Recht, denn Luther selbst redet ihn
als „seinen ehrwürdigen Lehrer an, dem er nur Gutes ver=
danke." [1] Die ersten Biographen des Reformators freilich ha=
ben dieses Verhältnisses noch keine Erwähnung gethan. Weder
Melanthon noch Mathesius noch Ratzeberger nennen da, wo
man es erwarten könnte, Trutfetters Namen und auch Cochläus
gedenkt seiner nicht. Um so nachdrücklicher aber hat Seckendorf [2]
an ihn wieder erinnert und seitdem hat man seiner nicht mehr
vergessen. Alle eingehenderen Lutherbiographieen handeln auch
von Trutfetter und besonders Karl Jürgens hat ihn ziemlicher
Aufmerksamkeit gewürdigt. [3] Dem Sinne Trutfetters entspricht
dieser Grund des Fortlebens in der Erinnerung der Nachwelt
allerdings nicht; das würde er sich am wenigsten gewünscht ha=
ben. Aber andererseits das, was ihn in den Augen seiner Zeit=
genossen zu einem großen und berühmten Mann machte [4] und

---

1) Luthers Briefe, herausgegeben von be Wette 1, 107 vom 9.
Mai 1518.

2) Historia Lutheranismi lib. I pg. 21: vel maxime inter praeceptores quoque Lutheri numerandus est Jodocus, quem vulgato
ejus temporis more Doctorem Isennacensem vocabant.

3) Luthers Leben 1, 436 ff.

4) Die erste kurze Lebensskizze stammt aus einer Zeit, wo man des
Verhältnisses Tr.'s zu Luther in weitern Kreisen noch gar nicht gedenken
konnte, nämlich aus dem Jahre 1514. Sie befindet sich in einer Cen-
turia scriptorum insignium, die zuerst (1660) J. J. Maber und dann
(1839) J. Fr. L. Th. Merzdorf herausgegeben hat und für deren Ver=
fasser der letztere Herausgeber mit guten Gründen Konrad Wimpina

was er selbst unter seinen Leistungen als das Tüchtigste ansah, würde ihn längst der Vergessenheit und zwar der verdienten Vergessenheit überliefert haben. Erst in jüngster Zeit ist auch dieser Arbeiten, und da in gerade nicht anerkennender Weise wieder Erwähnung geschehen.[1] Und fernerhin wird man nicht oft auf sie zurückkommen. Wirkliche Theilnahme wird man auch in Zukunft dem „Erfurter Doctor" nur, weil er Luthers Lehrer gewesen ist, zuwenden.

Als solchem gelten ihm auch diese Blätter, auf denen der Versuch gemacht werden soll, nachdem in den letzten Jahren ei-

---

erklärt. Da heißt es unter Nr. 89: Jodocus Isenacensis, natione Teutonicus, patria Thuringus, ex oppido Isenacensi oriundus, Erphordianae universitatis alumnus, artium et S. Theologiae Doctor insignis, ibidem B. Mariae Virginis Ecclesiae Collegiatae Canonicus, vir magnae doctrinae et opinionis, utpote in seculari Philosophia profundissimus et in divinis scripturis haud mediocriter doctus, Philosophus, Orator, ac Theologus celeberrimus, nec non acutissimus dialecticarum quaestionum disputator, sectae, ut aiunt, modernorum, ac Buridani imitator atque propugnator validissimus, et non minus scientia et virtute quam sacerdotali sanctimonia et honestamento decorus. Hic post magisterii insignia multos uberes labores scholasticos in dicta Erphordiana Academia exegit, ob quorum fructum et utilitatem cunctis Studiosis et Philosophantibus quam acceptissimus et clarissimus exstitit. Hic denique ob vitae et doctrinae suae famam ab Saxoniae Ducibus accersitus, ab eisdem Wittenbergam ob novae ibidem nuper fundatae Universitatis corroborationem et collustrationem mittitur. Ubi quum et in humanioribus et sacratioribus literis pleraque non sine auditorum profectu aliquamdiu revolvisset, exinde Erphurdiam reversus, tam docendo, quam scribendo quotidie et praesentibus et longe post futuris prodesse suis lucubrationibus haud cessat ; de quibus subnexa duntaxat vidi:

Summam de Dialectica insignem. lib. I.

Summam grandem in totam Physicen, hoc est: philosophiam naturalem libb. VIII. Esi propriae imbecillitatis mihi conscius.

Epistolas et orationes complures.

Vivit usque hodie in Gymnasio Erphordensi et varia componit, cum tempore in lucem producenda ; sub. Maximiliano Rom. Imp. et Leone X. Anno 1514.

1) Vgl. Prantl, Geschichte der Logik im Abendlande, 4, 241 ff.

niges neue Quellenmaterial zugänglich gemacht ist,[1]) einmal Alles zusammenzufaffen, was sich jetzt über des Trutfetters Leben sagen läßt.

___

Jobocus Trutfetter[2]) ist zu Eisenach geboren, weshalb er häufig „der Eisenacher Doctor," von seinen Freunden auch wohl blos „Eisenach" genannt ward. Das Jahr seiner Geburt

___

1) Hiermit meine ich außer mir zugänglich gewordenen Schriften Trutfetters, die bisher noch nicht verwerthet wurden, vornehmlich Christoph Scheurls Briefbuch, herausgeg. durch von Soden und Knaake. Dies enthält 29 Briefe von Scheurl an den ihm sehr befreundeten Trutfetter. Dagegen sind leider die sämmtlichen Briefe des letzteren an Scheurl, die uns viel wichtiger wären, verloren. Scheurl unterhielt einen sehr lebhaften Briefwechsel nach den verschiedensten Seiten hin; er soll einmal in einem Jahre an 700 Briefe erhalten haben; vgl. Will, Münzbelustigungen 3, 109. So würde seine Sammlung, wenn sie noch vorhanden wäre, eine der wichtigsten Quellen für die Reformationsgeschichte sein. Allein sie ist fast ganz verloren. Noch 1725 schrieb der Altorfer Professor Christian Gottlieb Schwarz im dritten seiner Programme B1a, nachdem er Luthers Briefe an Scheurl erwähnt: taceo superesse adhuc litteras Philippi Melanchthonis, Joachimi Camerarii, Eobani Hessi, Oecolampadii aliorumque ad Scheurlum manu exaratas. Jetzt sind von jenem Schatze nur noch die Briefe Scheurls vorhanden, die derselbe in seinem Briefbuche copirte, und die wenigen Briefe Luthers an Scheurl, die der genannte Schwarz durch Abbruck im 24. jener Programme rettete. Das Urtheil, das L. Geiger in von Sybels historischer Zeitschrift 1875 Heft 1 S. 121 ausspricht, Scheurl sei dem Humanismus wie der Reformation „theilnahmlos, gleichgültig" gegenüber gestanden, ist ebenso grundfalsch wie der vorhergehende Satz: „er lebte in Wittemberg, wiederum sehr gelehrt, aber in geringer Verbindung mit den bortigen und auswärtigen Gelehrten."

2) Die gewöhnliche Schreibweise ist Trutvetter oder Truttvetter. Fabricius im Centifolium Lutheranum p. 19 und 518 schrieb Trentiserus. Warum Prantl am ang. Orte Trutfeber und Moser im Serapeum 1, 369 ff. wie Naumann eben bort 2, 79 ff. gar Trautvetter schreiben, weiß ich nicht zu ergründen. Ich wähle die Schreibart Trutfetter, weil der Genannte selbst sich so schrieb an der einzigen Stelle, die wir noch von seiner Hand authentisch haben, Liber Decanorum facultatis theologicae academiae Witebergensis p. 5. Dazu stimmen die Titel der Werke T.'s und auch Scheurl schrieb so oder höchstens einmal Trutfitter.

bleibt noch ungewiß. Christoph Scheurl, der ihm ja persönlich sehr nahe stand, schreibt einmal, als er mit jenem zusammen im Jahre 1510 zu Wittenberg als Lehrer gewirkt habe, sei Trutfetter noch nicht 40 Jahre alt gewesen.[1]) Dadurch würde man etwa auf den Anfang des achten Jahrzehnts im fünfzehnten Jahrhundert geführt. Aber diese Angabe kann nicht richtig sein, denn Trutfetter bezog schon im Herbste 1476 die Universität.[2]) So fühlt man sich zu der Annahme versucht, daß Scheurl sich um 10 Jahre geirrt habe. Das stimmt zum Zusammenhang jener Stelle, in der es ihm darauf ankam, Trutfetter jung erscheinen zu lassen. Und jedenfalls widerspricht nicht die an einem andern Orte in Gegenwart Trutfetters gemachte Bemerkung desselben Scheurl, daß jener in sehr jungen Jahren sei auf die Hochschule geschickt worden.[3])

Diese Annahme eines Irrthums bei Scheurl könnte Manchem als gewagt erscheinen, da Scheurl längere Zeit in vertrautem Verkehre mit Trutfetter stand und so jedenfalls in der Lage war, Genaues über dessen Lebensalter zu erfahren. Aber einmal handelte es sich für ihn in jenem Briefe nur um eine ungefähre Angabe und dann stand es ja überall damals, wo man noch

1) Scheurls Briefbuch 1, 124 in einem Briefe v. 12. Aug. 1513: anno abhinc tertio professi sumus etsi dispari gradu in academia Wittenburgia: ipse ecclesiae omnium sanctorum primus archidiaconus viam modernam instituens sine intermissione legebat, studebat, docebat, praedicabat, orabat, omnia supra quam aetas ferre posse videbatur, utpote nondum quadraginta annos natus. Mit einer anderen vielleicht auf Tr. bezüglichen Altersangabe Scheurls, vgl. Briefb. 1, 162, weiß ich nichts anzufangen.

2) Diese Notiz, sowie einige andere verdanke ich der Güte des Herrn Oberbibliothekars Professor Dr. Weißenborn in Erfurt. Dazu vgl. Kampschulte, die Universität Erfurt 1, 43.

3) Orationes Doctoris Christophori Scheurli Nurenbergensis et magistri Wolfgangi Polichii Mellerstadii, habitae in gymnasio Vittenburgensi, rectoribus scholasticam praefecturam ineuntibus. Anno domini 1507. Dieser mir aus dem Germanischen Museum mitgetheilte Druck, den ich weiterhin als Orationes citiren werde, enthält nur die von Scheurl am 16. Nov. 1507 bei Uebergabe des Rectorats an Trutfetter gehaltene Rede, nicht die Pollichs.

nicht in Kirchenbüchern nachschlagen konnte, mit dem genauen
Wissen um den Beginn auch des eigenen Lebens nicht sonder=
lich. Es ist bekannt, daß in neuester Zeit über den Geburts=
tag selbst Luthers eingehende Untersuchungen erst angestellt werden
mußten. Der Dichter des Reformationszeitalters, Eobanus
Hessus, blieb bis gegen Ende seines Lebens über das Jahr sei=
ner Geburt im Irrthum, gab den ihn fragenden Freunden ver=
schiedene Antworten, ja machte sogar in gleichzeitig herausgege=
benen Gedichten über sein Lebensalter abweichende Angaben.¹)

Ueber die Eltern, ihre Familien= und Vermögensverhält=
nisse und Aehnliches erfahren wir nichts Genaues. Die kurzen
Worte Scheurls hierüber lauten so, daß sich ihnen nichts Zu=
verlässiges entnehmen läßt.²) Nur das Eine bleibt nach seinen
Angaben, daß sie den Sohn in aller Frömmigkeit erzogen und
ihn, sobald sein Alter es zuließ, auf die benachbarte Universität
Erfurt sandten.³) Die Knabenjahre Trutfetters liegen also ganz
im Dunkeln, denn auch über den ersten Unterricht, den er ge=
noß, mangelt uns alle quellenmäßige Kunde. Wir dürfen zwar
vermuthen, daß frühzeitig seine geistige Begabung sich zeigte und
daß er mit Fleiß, was in seiner Vaterstadt an Unterweisung

---

1) Vgl. G. Schwertzell, Helius Eobanus Hessus, ein Lebensbild
aus der Reformationszeit 1874, S. 3; und besonders: K. Krause, die
Schul= und Universitätsjahre des Dichters Eobanus Hessus, im Gymna=
sialprogramm von Zerbst 1873, S. 5.

2) Orationes A 5b : illa praetereo, quae de generis claritate,
quae de amplitudine et gloria majorum, quae de fortunis ac faculta=
tibus caeterisque hujus generis verissime possem, si in his demon-
strandis occupatus esse vellem, referre. — Quid etiam attinet splen-
dorem familiae Trutfitterae caeteraque ejusmodi in hujus laudem
adducere, quum ipse, quocunque loco natus fuisset, propter egregias
virtutes sibi ipsi fuerit nobilitatem, gloriam pariturus et amplitudinem?

3) Ibidem ; parentes filiolum sancte religioseque educarunt. —
Educatum, ut primum per aetatem licuit, Erffordiam miserunt ad
ingenii cultum capessendum. — Es ist bekannt, daß Scheurl beim Lo=
ben nach Humanistensitte den Mund sehr voll nahm, weshalb seine Anga=
ben mit Vorsicht zu gebrauchen sind. Aber in diesen letzten liegt nichts,
was sie zweifelhaft machen könnte. Dazu ist zu beachten, daß diese Rede
in Gegenwart Tr.'s gehalten werde, der allenfalsige Irrthümer Scheurls
wohl vor dem Drucke würde verbessert haben.

ihm geboten ward, benutzte. Aber dies bleibt doch eben nur eine Vermuthung, die also keinen weiteren Werth hat, zumal wir auch über die Eisenacher Unterrichtsanstalten in jener Zeit nichts Besonderes sagen können.[1])

Es war im Herbste 1476, wo Trutfetter, fast noch im Knabenalter stehend,[2]) nach Erfurt übersiedelte. Am 18. October, dem Tage des h. Lukas, ward er mit 167 andern Studirenden unter dem Rectorate des Konrad Schechteler von Alsfeld immatriculirt. Von da an blieb er zunächst 30 Jahre in Erfurt und verwuchs ganz mit dieser Stadt. Sie ward ihm zur Heimat, sodaß man ihn weiterhin ziemlich ebenso oft als Doctor Erfordiensis wie als Doctor Isenacensis bezeichnete.

Man weiß, daß in Erfurt schon etwa 10 Jahre vor der Ankunft Trutfetters Vertreter der neuen humanistischen Richtung aufgenommen waren und Einfluß zu gewinnen begonnen hatten.[3]) Wie bald aber, ja ob überhaupt der junge Student sich ihnen anschloß und sie auch auf sich wirken ließ, vermögen wir nicht zu sagen, da uns über den Studiengang desselben keine sichern Nachrichten erhalten sind. Wahrscheinlich ist es immerhin, daß er der neuen Anregung sich gleich von vornherein nicht verschloß, denn er kam mit großer Lernbegierde und seine spätern Schriften bekunden eine ziemliche Belesenheit in römischen Classikern, die er wohl kaum erst in reiferen Jahren sich erworben hat, wo ihn andere Dinge sehr in Anspruch nahmen.

Ueber seinen großen Eifer für die Wissenschaft schon in diesen Jugendjahren haben wir ein ausdrückliches Zeugnis seines Freundes Scheurl.[4]) Als dieser 1507 den Wittenbergern ihren

---

1) Den „Beiträgen der Geschichte der Schule", die Dr Funkhänel in Eisenacher Gymnasial-Programmen der Jahre 1844—1854 gegeben hat, läßt sich über Stand und Charakter des Schulwesens in Eisenach vor 1500 nichts entnehmen.

2) Scheurl schrieb ihm, Briefb. 1, 138: Erphordia, quae te educavit.

3) Vgl. hierüber Kampschulte a. a. O. Bd. 1.

4) Orationes A6ᵃ im Anschluß an die zuletzt angeführte Stelle: nbi (Erfordiae) adhuc puer seu coenaret seu ambularet seu lavaretur, semper liber praesto fuit, semper studuit, asserens cum Plinio, omne tempus perire, quod literis non impartiretur. Quare etiam

neuen Rector, eine hagere und bleiche Gestalt, lobend vorstellte, erzählte er, derselbe habe schon in seiner Studienzeit angefangen, Tag und Nacht mit angestrengtem Eifer zu arbeiten, und sich so wenig Ruhe gegönnt, daß sogar seine Augen schon früh darunter gelitten hätten. Das sind Angaben, zu denen der damals in Erfurt noch unbekannte Redner kaum anders als durch eigenen Bericht des Gelobten kommen konnte, und dem hier Erzählten dient, auch wenn man von den buntscheckigen Sammlungen in Trutfetters Schriften absieht, der Umstand zur Beglaubigung, daß schon in der Fastenzeit 1478 der Jüngling vom Decan Mag. Petrus Betz aus Würzburg unter 42 Candidaten zum baccalaureus artium promovirt ward.

Nach einer aus dem Jahre 1489 stammenden Aufzeichnung[1]) über das, worin die Candidaten für den Baccalaureat geprüft wurden, handelte es sich um Kenntnisse in der Grammatik, Logik, Rhetorik, Astronomie und Philosophie.[2]) In der Grammatik prüfte man aus dem Donat, mit dessen Einführung an einer Universität die älteren Humanisten den Sieg ihrer Richtung als entschieden sahen, im Priscian und Alexander Gallus.[3]) In der Logik war der erste Schriftsteller, den man nach jenem Verzeichnisse vornahm, Petrus Hispanus,[4]) dann aber natürlich auch Aristoteles.

---

ita altissimas noctes evigilavit, ut jam tum oculi ei facti sint hebetiores; quod quum multi per libidinem, intemperantiam et ebrietatem soleant subire, hic ex vehementissima quadam subivit inhaesione studiorum. — Cujus rei argumentum esse potest facies pallida et macilenta, qualem prisci habebant et ego vehementer probare soleo.

1) Mir freundlich mitgetheilt durch Herrn Professor Dr. Weissenborn in Erfurt, dem ich mich zu aufrichtigem Dank verpflichtet fühle.

2) Fast ganz so lauten die Forderungen für den Baccalaureat, welche die Baseler Statuten von 1492 aufstellen; vgl. W. Vischer, Geschichte der Universität Basel, S. 178. Aehnlich in Freiburg; vgl. Schreiber, Gesch. d. Univ. Freiburg S. 45; besonders siehe Prantl, Gesch. d. Ludwig-Maximilians-Universität in Ingolstadt, Landshut, München 1,57 f., und die Aenderung 1,77.

3) Nach Kampschulte, die Univ. Erfurt 1,32. Ueber dies Schulbuch und seine Benützung vgl. B. Schwarz, Jakob Wimpheling, der Altvater des deutschen Schulwesens 1875, S. 6 ff., S. 126 ff., besonders aber Zarncke in seiner Ausgabe des Narrenschiffs S. 346 ff.

4) Vgl. über ihn Prantl, Gesch. d. Logik 3, 33 ff.

Die Promotion Trutfetters zum Magister fand im Jahre 1484 statt und als solcher war er betheiligt bei der schon er= wähnten Baccalaureatspromotion im Sommerhalbjahr 1489 unter dem Rectorat des Hermann Serges von Torsten. Damals mußte eben ihm der Candidat in der Logik über Petrus Hispanus respondiren. Erst zwanzig Jahre später, nämlich 1504,[1]) folgte die Promotion zum Doctorat der Theologie.

Das ist Alles, was wir über seinen Studiengang zu sagen vermögen. Nur einige Höhepuncte desselben stehen uns urkund= lich fest; über den Verlauf hingegen im Einzelnen bleiben wir völlig im Dunkeln. Aber Trutfetter war nicht blos Gelehrter, sondern auch Priester, und es erfüllte ihn nicht nur Wissens= durst, sondern ebenso Trachten nach Heiligung und einem tu= gendhaften Leben. Wir werden auch dem Lobredner Glauben schenken dürfen, wenn er versichert, daß Trutfetter schon in jungen Jahren leichtes Leben verschmäht und die Tugend geliebt habe.[2])

---

1) So nach einer schriftlichen Mittheilung des Herrn Prof. Weißen= born, der die auf 1505 lautende Angabe Kampschultes 1, 43 als falsch bezeichnet. Als promotor wird in Scheurls Briefbuch 2, 3 der als Prediger berühmte Sebastian Weinmann genannt, der 1490 Doctor der Theologie geworden war.

2) Orationes B1a: quare contulit se ad vitam sanctam, ad vitam religiosam. Initiatus sacris, non desperatione ut multi, non ambi- tione ut fere omnes, non spe dignitatum divitiarumque, quarum alte- ras, quum haberet, abjecit, alteras, quum essent oblatae, partim repudiavit, totum se praedicationibus permisit. Ferunt tam dulcem concionatorem, quam Orpheum in fidibus extitisse citharoedum. Is enim dulcedine citharae amnes stare coegit. Ita istius praedicatio tota popularis, non elata, non ambitiosa, ad utilitatem astantium, non ad ingenii et memoriae ostentationem affectata. Quare brevi tantam est gloriam consecutus, ut qui memoria patrum nostrorum apud Erfordianos fuerit acceptior, non videam. Totam Erfordiam sanctissimis praeceptis vir Dei reformavit. Nullus unquam gladius in hostem atrocior fuit et capitalior, quam hujus lingua in scelera atque flagitia. Praedicavit verbum domini semper maximo hominum con- cursu, qui ejus altissima rerum scientia delectati, vitae imprimis movebantur exemplo, nulla ne suspiciuncula quidem de modestissi- mis ejus moribus suborta. — Hierin ist offenbar viel übertreibende Rhe= torik. Kampschulte sagt 2,112: „seit Sebastian Weinmann hatte die

Eben dies war es, was ihn ins Mönchsleben und zum Priester=
stande führte. Und als Priester widmete er sich dann besonders
der Predigt. Er soll in Erfurt ein beliebter und nicht einfluß=
loser Prediger gewesen sein.

So wirkte er also auch auf die große Gemeinde. Aber die
Hauptstätte seiner Thätigkeit war doch die Universität und an
ihr wirkte er wieder weit mehr als Philosoph, denn als Theolog.

Ueber die Lehrthätigkeit Trutfetters vor dem Ablaufe des
Jahrhunderts wissen wir nichts Sicheres zu sagen. Aus der
ganz gelegentlich in einer seiner Schriften sich findenden Bemerk=
ung,[1] er habe 1497 eine Disputation gehalten, bei der es sich
unter Anderem auch um die Schöpfung des Menschen handelte,
läßt sich ebenso wenig etwas machen, wie aus der oben erwähn=
ten Betheiligung Trutfetters an einer Baccalaureatspromotion
im Jahre 1489. Derartiges gehörte ja so zu sagen zu den all=
täglichen Begebenheiten des damaligen Universitätslebens. Erst
mit dem Jahre 1500 tritt uns das Bild des Erfurter Leh=
rers (Doctor Erfurdiensis), wie nun sein Ehrenname lautete,
klarer entgegen, und zwar zuerst vornehmlich aus seinen Schriften.

Am 21. Juli 1500 erschien bei dem Erfurter Buchdrucker
Wolfgang Schmidt:

**Breuiarium dialecticum | Jodoci Isennacheensis | Theologi stu-
diosis logices apprime necessarium in au | gustissimo gymnasio
Erphordiensi nuper ab eodem digestum | .[2]),** eine Schrift, deren

---

Stadt keinen namhaften Prediger mehr aufzuweisen." — Scheurl schreibt
1517, Briefb. 2,3 an Tr.: Sebastiani Wymann, promotoris et antecessoris tui. Weinmann war Prediger am Dom gewesen, und starb um
1514; Trutfetter trat demgemäß erst in seinen letzten Lebensjahren an
dessen Stelle.

1) Nämlich: Summa in totam physicen von 1514; dort P4ᵃ.

2) Auf diese Schrift ward ich aufmerksam durch einen Aufsatz des
Oberbibliothekars Dr. Moser im „Serapeum, Zeitschrift für Bibliotheks=
wissenschaft, Handschriftenkunde und ältere Literatur." I, 369 ff. Der dort
erwähnte Sammelband enthält fünf Schriften Tr.'s, die, soweit ich sehe,
bisher noch von Niemandem benützt sind. Er ist mir, wie ich dankbar
rühme, mit großer Zuvorkommenheit von der Verwaltung der öffent=
lichen Bibliothek in Stuttgart zur Einsicht mitgetheilt.

Titelblatt mit empfehlenden Gedichten der Erfurter Humani=
ften Marschalk und Maternus Piftoris geschmückt war. Die
Vorrede war von Trutfetter selbst. Er kündigte an, daß er,
um Anderen zu dienen, nächstens über die ganze Logik, be=
ren Studium er von Jugend an sich gewidmet habe, ein großes
Werk veröffentlichen werde. Weil aber die Anfänger vor großen
Werken Scheu hätten, gebe er zuvor einen Auszug oder kurzen
Leitfaden heraus. Die Leser möchten sich nur nicht daran stoßen,
daß er von der gewöhnlichen Lehrweise in dieser Disciplin ab=
weiche; es geschehe mit Ueberlegung und gutem Grunde, wie
er in der Vorrede zu seinem großen Buche darlegen werde. Sie
möchten durch fleißiges Studium in dem hier Gebotenen sich für
das größere Werk rüsten.

Dieser für die Anfänger (pueruli) bestimmte Leitfaden warb
doch so ausführlich — er ist 116 enggedruckte Quartblätter stark —,
daß der Verfasser am Schlusse sich beswegen entschuldigte. Ebenso
fand er es dort für nöthig, mit einem Seitenblicke auf die de-
licati lectores zu bitten, daß man an seiner Ausdrucksweise kei=
nen Anstoß nehme. [1]

Unter den mir bekannten Werken Trutfetters muß ich dies
für das älteste erklären. Wenigstens in der Oeffentlichkeit ist
es früher erschienen, als die gleich zu besprechende Summa,
welche Dr. Moser in dem vorhererwähnten Aufsatze als das
„erste Hauptwerk" hingestellt hat. Am Schlusse der Einleitung
zum Breviarium steht allerdings ein Satz, der für Dr. Moser
zu sprechen scheint. Dort heißt es: his pauculis satis super-
que praefatum sit; alia quae plerique omnes de habitibus, subjecto, causis aliisque multis dispendiosa commentatione trac-
tant, veluti supervacanea posthabeo, nec pauca de subjecto
in majori opere et commentariis physicis, quos nostrates parvulum philosophiae nominitant, interpretatus sum. Darnach
war das Opus majus allerdings schon geschrieben. Aber es
brauchte noch nicht gedruckt gewesen zu sein, wie denn auch

1) Neque a genere dicendi, quo in utroque usi sumus, abhor-
reas, quum huiuscemodi et exemplorum et rerum varietate apprime
delectareris, et in dialecticis, quae delicatis lectoribus ridiculo adhuc
habita sunt, aliquantulum proficeres, speravimus.

meines Wissens damals noch keine commentarii physici von Trutfetter im Drucke erschienen waren. Zu dieser Annahme stimmt, daß der Verfasser mehrfach im Breviarium auf das Opus majus verweist, aber immer nur im Allgemeinen, ohne Angabe der Seitenzahl, wie er sonst doch zu thun pflegt.[1]) Dazu stimmt ferner der Satz am Schlusse des Werkes: hae sunt regulae consequentiarum usitatiores; caeteras in opere majore auspice deo explanabimus,[2]) simul et alia multa, quae ad argumentationem demonstrativam, dialecticam et sophisticam spectant.

Der Sachverhalt scheint mir hiernach folgender zu sein: Trutfetter, der durch anhaltendes Studium ein bedeutendes Material gesammelt und theilweise auch schon verarbeitet hatte, wollte ein großes Hauptwerk über die damalige Logik herausgeben. Aber theils um diesem den Weg zu bahnen, theils aus pädagogischer Rücksicht auf die noch ungeschulten Studirenden ließ er, nachdem jenes handschriftlich ganz oder fast ganz abgeschlossen war, im Drucke einen kürzeren Leitfaden vorausgehen.

In dem gleichen Jahre begann er noch, den Anfang eines Commentars zur Summa des Thomas von Aquin zu veröffentlichen,[3]) doch ist es mir bisher nicht möglich gewesen, von diesem auch nur eine Spur zu entdecken. Auch Karl Werner gedenkt dieser Arbeit mit keiner Silbe.[4])

Im nächsten Jahre (1501) folgte das große Werk, welches

---

1) Z. B. F2ₐ: alio in opere recensuimus; F3ª: necessaria in majore opere scripsimus; ähnlich K4ᵇ, M2ᵇ, M5ᵇ, O4ª etc.; M2ª: in magnis commentariis. Dagegen heißt es K6ᵇ: cujus in aliis commentariolis meminerimus.

2) In spätern Auflagen steht explanavimus.

3) In dem gleich zu besprechenden Hauptwerke von 1501: Summule etc. heißt es C1ª: nec pauca de subjecto interpretatus sum in commentariis illis, quos nostrates parvulum philosophiae nominitant et fusius in illis, quos in primam primae Thomae Aquinatis superiori anno edere coepimus. —

4) In seiner Schrift: der h. Thomas von Aquino, Bb. 3, Geschichte des Thomismus.

dem Verfasser zunächst in Erfurt und dann in weiteren Kreisen viel Ruhm einbrachte, unter dem Titel:

Summule totius logice: quod opus | maius appellitare libuit: per Jodo | cum Trutuelter Isennachcensem Theologum ex do | g-matibus veterum recentiorumque omnium in Gymna | sio nuper Er-phordiensi utpote succus e floribus: labo | riosissime compilate. [1]

Dem Titel folgen wieder an die Erfurter Jugend gerichtete Gedichte von Marschalk und Maternus Pistoris. Der Letztere schrieb auch die Vorrede. Zuerst rühmte er den Werth und die Brauchbarkeit der Logik oder, was er als damit gleichbedeutend hinstellte, der Dialektik, [2] und bat die Leser, sich nicht durch epikuräisch Gesinnte beirren zu lassen, welche die Logik verach=teten. Dann auf das Werk selbst übergehend erklärte er, daß der Verfasser mit großem Fleiße die Arbeiten der Vorgänger benützt und das Beste daraus gesammelt habe. Auch sei dabei durchaus methodisch von ihm verfahren. Denn, offenbar in Be=folgung der von A. Gellius in den noctes atticae aufgestellten Regel, beginne er mit den Worten und ihrer Bedeutung, wende sich dann zu den Sätzen und den Wandelungen derselben und komme endlich zu den Schlüssen. Auch habe er darin den For=derungen der neuen Zeit Rechnung getragen, daß er das Unge=bildete der alten Schulsprache gemildert habe. [3] So möge denn der Leser das Studium des Buches sich nicht verdrießen lassen.

---

1) Das von mir benützte Exemplar gehört der Nürnberger Stadt=bibliothek. Am Schlusse: Expressum ereis litteris ab Lupambulo Schenk in arte sua adhuc Nouitio: sed multis Vetustiorum anteferendo Erfurdie Quindecimo Calendas Septembris. Anno. a Natali Christiano. Quingentesimo primo supra Millesimum. Laus sit Deo. — Wenn Jürgens, Luthers Leben 1,436 von der Summa noch ein opus majus unterscheidet, so ist das ein Irrthum.

2) Ueber die schon 50 Jahre vorher ausgesprochene Gleichstellung von Dialektik und Logik vgl. Prantl, Gesch. d. Logik 4,175.

3) Der bezeichnende Satz lautet: et ne stylus veterum quorundam logicorum durus alioqui et subrusticus te absterreret, vidit enim humanas te sciturire literas, pigmentum, quod hoc saeculum tulit, adjecit, ita etiam ut deinceps haud jure ab lectione dialecticorum praeceptulorum abhorrere possis.

Wenn der Verfasser sehe, daß es Anklang finde, so werde er noch andere Schriften, die er unter Händen habe und feile, nach=folgen lassen.[1]

Auch der Verfasser selbst versäumt nicht, sich noch auszu=sprechen. In der Einleitung bemerkt er, daß zwar schon seit Jahrhunderten Viele über Logik geschrieben hätten, aber die Meisten zu weitläufig, Andere zu knapp, kurz eigentlich Alle zu ungeschickt, als daß es die Schüler zum Studium hätte reizen können. Da habe er es denn für angemessen erachtet, aus Allem das Beste zusammen zu suchen, um es so in bequemer Samm=lung den Studierenden zu bieten. Weil nun die Späteren auf den Schultern der Früheren stünden, so sei es zu erwarten, daß man bei jenen die reifere Erkenntnis der Wahrheit finden werde. Demnächst habe auch er sich an die neueren Lehrer vornehmlich angeschlossen, unbeirrt durch diejenigen, welche nur Heilige und Alte gelten lassen wollten und so zeigten, daß es ihnen mehr auf Autorität als auf Wahrheit ankomme.[2]

Er kündigte sich also als einen Anhänger der „Modernen" an und nahm auch innerhalb der Schulweisheit ein gewisses Recht der Kritik für sich in Anspruch. Dabei vernachlässigte er aber die Alten nicht, sondern nahm aus ihnen auf, was er an Brauchbarem fand. Ja er prunkte ein wenig mit seinem Bie=nenfleiße,[3] mit seiner, wie Prantl richtig sagt,[4] „ausgedehn=

---

1) Si conditor operis hujus viderit, labusculam hunc suum gratum esse, complusculis te libellis, quos tibi posteritatique summa vigilantia excudit et indies politiores reddit, adornabit. Darnach war Tr. damals, — und die Vorrede ist zu Anfang des Druckes, nicht nach Beendigung desselben, also wohl noch 1500, geschrieben und gedruckt, — schon mit Weiterem beschäftigt und machte es für den Druck fertig.

2) B1ᵃ: inaniter iccirco vanae quidam aestimationis et gloriolae homines suos quos colunt autores non nisi sanctos, non nisi veteres spectandos legendosque offerri volunt, quasi qui haec nomina non sunt inscripti, nihil solidi atque firmi producere queant, gloriantes inventorum nuda sanctitate atque vetustate. Quo plus autoris quam veritatis se ostendunt amatores.

3) Am Schluße sagt er selbst: gratus sit hic labor immodicus.

4) Geschichte der Logik 4, 241. Scheurl nennt ihr Briefbuch 1, 137: vir multae lectionis.

ten Belesenheit." Ließ er doch selbst dem Werke folgendes alpha=
betische Verzeichnis derjenigen Schriftsteller, welche er benutzt
hatte, vordrucken: Aurelius Augustinus, Ambrosius, Anselmus,
Aristoteles, Averroes, Avicenna, Adam, Antonius Andreä, Al=
bert b. Gr., Alphons von Toledo, Bernhard von Clairvaur,
Bonaventura, Boetius, Buridanus, Dionysius, Durandus, Eu=
stratius, Euklides, Egidius Romanus, Franziscus Maironle,
Gregor b. Gr., Wilhelm Okkam, Gregor von Ariminum, Ga=
briel Biel, Georg von Brüssel, Gilbertus Porretanus, Hiero=
nymus, Hilarius, Herveus, Heinrich von Gent, Hugo, Hein=
rich von Hessen, Horaz, Johannes von Damask, Johannes
Duns Scotus, Johannes Gerson, Johannes Capreoli, Isidorus,
Johannes von Neapel, Johannes von Holland, Lincolniensis,
Laurentius Valla, Cicero, Marsilius, Nikolaus Perott, Petrus
Lombardus, Petrus von Alliacum, Petrus von Candia, Petrus
von Aquila, Petrus Nigri, Petrus Aureoli, Paulus Scriptoris,
Paulus Venetus, Paulus Pergulensis, Plinius, Porphyrius,
Petrus Hispanus, Priscian, Robert Holkot, Sylvester Prierias,
Simplicius, Servius Honoratus, Thomas von Aquin, Tho=
mas von Straßburg, Thomas Brikott, Virgil, Valerius Ma=
ximus.

Es ist eine Reihe sehr verschiedenartiger Schriftsteller, von
denen eine ziemliche Anzahl jetzt so gut wie verschollen ist.[1])
Aber damals standen auch diese in der Schule in Ansehn, und
Trutfetter hat in ihre Bücher nicht etwa nur einen Blick hinein
geworfen, sondern wie seine Anführungen beweisen, dieselben
gelesen. Sein Fleiß verdient alle Anerkennung. Doch will da=
bei allerdings beachtet sein, daß einmal gerade die für uns un=
genießbarsten und schwierigsten jener Schriften den damaligen
Gelehrten von der Art Trutfetters am meisten zusagten und
ihnen, den in dieser formalen Geistesarbeit von Jugend auf ge=
schulten, auch keine sonderlichen Schwierigkeiten machten; und
dann, daß sich in ihnen, bei deren Abfassung Einer vom An=
dern abschrieb, unendlich viele Wiederholungen finden.

---

1) Diejenigen, welche über Logik schrieben, findet man meistens auch
bei Prantl besprochen. Statt Johannes Holandinus hat er 4, 267:
Holandrinus.

Ueberblickt man dies Autorenverzeichnis, so fällt Einem
Eins auf. Luther, der gerade 1501 unter dem Rectorate Trut=
fetters die Universität bezog und 1505 Magister der Philosophie
ward, erzählt bekanntlich 1539, [1]) zu seiner Zeit habe Mag.
Johann von Wesel zu Erfurt die hohe Schule mit seinen Büchern
regiert und auch er sei aus ihnen dort Magister geworden. Da
sollte man denken, daß Trutfetter jenen Schriftsteller vor An=
dern werde genannt haben. Aber derselbe fehlt gänzlich in obi=
ger Reihe, und auch sonst habe ich ihn in den Schriften Trut=
fetters nirgends angeführt gefunden. Das bleibt auffällig, ja
räthselhaft, auch wenn man annimmt, daß Wesels Bücher nicht
gedruckt waren. [2]) Man fühlt sich versucht zur Annahme, daß Lu=
ther bei jener fast 40 Jahre später gemachten Angabe geirrt habe;
und doch lautet diese dazu wieder zu bestimmt und zuversichtlich.

Kehren wir noch einmal zu Trutfetters Werk zurück. Den
Inhalt des 68 Bogen starken Quartanten, der sich in drei
Bücher zerlegt, hat bereits Prantl in der Kürze angegeben. [3])
Es ist im Wesentlichen der gleiche mit dem des Breviarium,
nur hier viel weiter ausgeführt und besonders durch Bezugnahme
auf Worte anderer Schriftsteller erläutert. Dabei glaubte Trut=
fetter es noch entschuldigen zu müssen, daß er soviele probationes
et munimenta bei Seite gelassen; er habe ja für pueri geschrie=
ben, denen man, bis sie festeren Grund gewonnen hätten, Vie=
les einfach hingeben müsse. Er glaubte also, sich nach Kräften
beschränkt zu haben. Aber die Erkenntnis konnte nicht aus=
bleiben, daß für Anfänger noch immer viel zu viel gegeben sei,
und so sehen wir ihn denn alsbald rastlos bemüht, auch abge=

1) Werke, Erl. Ausg. deutsche Abthlg. 25, 325.

2) Ullmann, Reformatoren vor der Reformation 1, 256 weiß von
Schriften Wesels über Logik nichts zu sagen; ebenso Kampschulte a. a.
O. 1, 16 ff. Und auch Prantl, der doch sonst alles Hergehörige her=
vorgezogen hat, übergeht ihn mit völligem Schweigen. Vgl. noch Jür=
gens, Luthers Leben 1, 384—387.

3) Der Vfr. selbst bemerkt: in priore libro rationes significandi et
praedicandi formales simplicium signorum, i. e. terminorum, universae
quoque illorum logicae habitudines et passiones explicantur. In al=
tero de propositionibus, partibus argumentationis propinquis fit
sermo. Postremo de argumentatione tractatur.

sehen von jenem breviarium, durch kürzere Schriften ihnen den Weg durch das unerquickliche Studium der damaligen Logik zu erleichtern.

Dieser Erkenntniß Folge gebend scheint Trutfetter schon während des Druckes des Opus majus[1]) verschiedene kleinere Schulschriften vorbereitet zu haben, so daß auch sie bald darnach in kurzen Zwischenräumen erscheinen konnten.

Für die erste von diesen möchte ich ein Schriftchen von nur 9½ Bogen halten, das unter dem Titel:

Compendiaria et admodum bre | uis parvulorum logicorum Expla | natio: non sine dubitationum in his intercurrentium | quo Exercitium: ut vocant: eorundem habeas: | enodatione: vna cum ad opus maius si | quando necesse fuerit remissione.[2]) — veröffentlicht ward. Jahr und Druckort ist nicht angegeben. Daß das Schriftchen nicht früher gesetzt werden kann, beweisen die häufigen genauen Zurückbeziehungen auf den gedruckten Text des Opus majus. Andererseits scheint mir aus ihm selbst hervorzugehen, daß es bald nach diesem an die Oeffentlichkeit trat. In der Vorrede erzählt nämlich der Verfasser den Lesern,[3]) mit Schmerz habe

---

1) Vgl. oben S. 13 Anm. 1.

2) In dem vorher genannten Sammelbande der öffentlichen Biblio= thek in Stuttgart befindlich. — Ein Heraflich des Maternus unter dem Titel fehlte nicht.

3) Consideranti mihi nuper et non sine gravi moerore animo repetenti, gymnasii nostri alioquin famigeratissimi alumnos in lectionibus, quas singulos ad honorum primitias anhelantes audire oportet, tum etiam ob illorum immodicam et taediosam obscuritatem non modo non proficere, sed tempus etiam, cujus amissum utpote jacturosissimum omnes deplorant sapientum, inutilibus et vanis terere, simulque, quod dedecorosum, praeceptores nonnumquam instar felis pultem oberrantis calidam vix sine culpa, etiam si nihil lucri inde sperarent, exponenda transire: visum fuit, utrisque me facile sedentaria mea opera, publicas enim hujusmodi professiones destitui, succurrere posse, et praesertim si ad dialecticas Institutiones, quod Opus majus nominitare libuit, non sine difficili nuper labore conflatas Apostellarium exercitiorum nostrorum cum adhuc dictu necessariis condere; quo id ipsum cognobilius et ex frequenti adspectu, diversitate librorum, quae, ut Seneca ait, supra modum distrahit posthabitâ, illicibilius mansuetiusque fieri posset. Huc adde, quod ado-

er bemerkt, daß an der berühmten Erfurter Hochschule die Zög=
linge bei der Vorbereitung auf die ersten wissenschaftlichen Grade
wegen der Dunkelheit und Verworrenheit des Stoffes sehr viele
kostbare Zeit verlören, ja daß auch die Lehrer nicht selten den
Schwierigkeiten sich nicht gewachsen erwiesen und um sie herum=
gingen, wie die Katze um den heißen Brei. Daher habe er be=
schlossen, beiden Theilen zu helfen, und mit besonderer Rücksicht
auf die Erfurter Verhältnisse und die dort herkömmlichen Uebungen
seinem kürzlich vollendeten größeren Werke kleine erläuternde
Schriften nachzusenden. Jenes werde dann nicht mehr so schrecken
und von den Studirenden sei zu hoffen, daß sie schnellere Fort=
schritte über die Elemente hinaus machen würden. Zu dem
Zwecke habe er mit den parvula logica den Anfang gemacht,
um von dem Einfacheren aufzusteigen, und werde in Kurzem
auch zu den anderen Uebungen Anleitungen folgen lassen.

Diese Worte beweisen beides: daß das Schriftchen bald nach
dem Opus majus erschien und daß es die erste der erläuternden
Schulschriften war.

In der kurzen Einleitung erklärt er den Schülern gleich
den Ausdruck parvula logica oder besser parva logicalia mit Worten, wie sie eben seit dem Aufkommen dieses
Terminus in der Schule üblich waren.[1]) Er schreibt dort: quum

leocentes citius re una saepicule audita aut lectitata ad alias disci-
plinas veniunt neque olim tanquam elementarli senes ab aliis tractan-
tur. Itaque dum hoc fecero, studiosissime logicarum subtilitatum,
gratum tibi hunc meum esse laborem ostendito neque saltem volu-
mina chartarum, ad quas remisimus, absterreant aut residem effi-
ciant. Principio autem parvulorum logicorum exercitium expedire
placuit, ut a simplicibus ad congregata legitimâ serie et naturali
itaretur. Nunc vale et in alia ejus generis exercitia explanatiunculas
brevi et quidem fortunatus visurus. — Zu jenem Worte: apostil-
larium vgl. Du Cange, Glossarium mediae et infimae latinitatis
V, 374 unter postillare: hinc vox practicis nostris familiaris: apostiller, scriptum notulis dilucidare, illustrare; postillarium = liber con-
tinens postillas (Anmerkungen). Ibid. VIIᵃ, 33: apostiller, éclaircir
par des notes.

1) Die erste nachweisbare Erläuterung bei Johann Faber de
Werbea (Wörth?) 1487 lautet: de proprietatibus terminorum sc.
suppositione, ampliatione, appellatione, restrictione, alienatione,

2

Aristoteles in dialectica sua de terminorum suppositione, con-
fusione, ampliatione, appellatione, restrictione, alienatione,
statu, remotione, propositionum expositione sive probatione
atque consequentiarum enthymematicarum regulis et habi-
tudine, quarum notitia logico apprime est necessaria, parum
vel prope nihil per expressum saltem tradiderit, factum est,
ut a diversis diversi tractatuli de his rebus sint editi, quos
nec injuria parva logicalia vocant, tum propter voluminum
parvitatem et perspicuam brevitatem tum quia parvulis et
junioribus logicae studiosis ab illis est exordiendum atque plu-
rimorum eorum notitia minimum logice consideratum (puta
terminum) objective considerat. Horum quosdam, eos potissi-
mum qui priscorum patrum institutis, quando fortasse haec ma-
teria a caeteris nondum satis erat elucubrata, in Erphurdiana
academia legi atque disputando exerceri solent, pro com-
muni scholasticorum commoditate explanandos suscepi, et

Aristoteles speciales libros non edidit, sed alii autores utiles tractatus ediderunt ex his, quae sparsim philosophus in suis libris posuerat;
et ista sic edita dicuntur parva logicalia eo quod a minoribus
autoribus respectu Aristotelis sunt edita; vgl. Prantl, Gesch. b. Logik 4, 204. Und Bartholomäus Usingen, der College Trutfetters,
schrieb: liber parvorum logicalium dicitur, quia valet pro parvis de
novo logicam incipientibus; secundo ideo quia iste tractatus et alii
sunt traditi a parvis autoribus et modernis ut Marsilio, Buridano et
Petro Hispano; ebend. 4, 245. — Parvulus logicae bedeutet etwas An-
deres; vgl. ebend. 4, 219. Es bezeichnet einen Auszug aus dem ganzen
Petrus Hispanus, nicht blos aus dem Abschnitt über die proprietates
terminorum. Nun wissen wir, daß Tr. einen Parvulus philosophiae schrieb, vgl. oben S. 10 und 11ᵇ Anm. 3, und Scheurls Brief
an die Freiburger v. 12. Aug. 1513, Briefbuch 1, 124: audio quendam
magistrum Johannem Gebwiler apud Basileam Parvulum philosophiae corrupisse et suppresso Eysenacensis nomine sibi falso ad-
scripsisse. Der Ausdruck Parvulus philosophiae ist mir sonst nicht be-
gegnet; man möchte ihn für gleichbedeutend mit Parvulus logicae halten,
wenn er nicht oben S. 10 durch commentarii physici erklärt wäre.
Man muß also annehmen, daß zu den frühesten Schriften Tr.'s ein Parvulus philosophiae gehörte, und daß dieser wirklich auch gedruckt ward,
ersieht man aus den eben mitgetheilten Worten Scheurls. Mir ist er nicht
zugänglich geworden. — Vielleicht gehörte der Ausdruck ursprünglich nur
den Erfurter Schulkreisen (nostrates) an. Vgl. den Nachtrag.

id quidem cum remissione ad Summam dialecticam pridem editam. Salubrius autem fore arbitror, alios tractatus utiliores et doctriuis uberiores, quorum nunc copia est, institui.

Das Büchlein war also eine für die Anfänger im Studium der Logik bestimmte Anleitung und enthielt kurze Erläuterungen zu vier in Erfurt eingeführten Tractqten. Der erste von diesen war ein tractatus suppositionum von Thomas Maulfelt, einem englischen Philosophen. Trutfetter gab Inhalt und Gedankengang desselben an, stellte die Hauptfragen ziemlich scharf hin und beantwortete sie kurz. Für Weiteres verwies er den Leser auf seine Summa und das Breviarium. In der gleichen Weise behandelte er desselben Verfassers tractatus confusionum und tractatus consequentiarum und endlich einem tractatus exponibilium, als dessen Verfasser ein Orforder Lehrer Namens Richard Biligam galt.[1]

Das nächste Buch in dieser Reihe war:

Veteris artis: id est Porphyrii vni | versalium: et praedicamentorum Aristo | telis: Perihermeniasque expositio tam brevis quam utilis | vna cum dubiolorum ex iis extractorum resolutione: vt in Ex | - ercitio fieri solitum est: Ad que omnia et multa id genus | alia Opus maius Isenachcensis opere precium.[2]

Die von Maternus mit einem Herastich geschmückte, acht Bogen starke Schrift ist weder durch Druckort noch Jahreszahl bestimmt; aber ihr Inhalt verweist sie unzweifelhaft an diesen Platz. Sie gehört zu den von Trutfetter in Aussicht gestellten in exercitia explanatiunculae. In der kurzen Vorrede rühmt der Verfasser zuerst die Dialektik, wobei er verschiedene Stellen von Classikern verwendet; ermahnt dann, sein Buch fleißig zu lesen und zu wiederholen, und schließt mit einem neuen Versprechen: vale in novam logicen commentarios conducibiles paucis post diebus conspecturus. — Man sieht, er hatte Eile mit der Veröffentlichung dieser Schulbücher.

---

1) Bei Prantl finde ich weder über Maulfelt noch über Biligam etwas. Ersterer von Locher erwähnt, Hehle, Jakob Locher 2, 22. Ihre Tractate scheinen auch nicht besonders gedruckt zu sein. Wenigstens bemerkt Tr. beim ersten Tractat: quem scriptum reliquit.

2) Im Stuttgarter Sammelband.

Die Bezeichnung seines Gegenstandes mit **vetus ars** erläutert Trutfetter den Studirenden hier nicht, sondern verweist dafür auf seine Summa [1]) und geht gleich über zu der Frage, ob die „alte Logik" mit Recht der „neuen" vorangestellt werde.

Schon seit der zweiten Hälfte des 12. Jahrhunderts unterschied man zwischen „alter" und „neuer Logik," wofür später auch wohl vetus und nova ars, und zwar in der Weise, daß man unter jener diejenigen Theile des Aristotelischen Organons verstand, die von Alters her in den Schulen bekannt waren und gebraucht wurden, also die Bücher über die Kategorien und de interpretatione nebst der Isagoge des Porphyrius. Hingegen bezeichnete man mit „neuer Logik" die erst damals dem Abend-

---

4) Da heißt es C1ᵃ: Nova logica est 1: praeceptionum collectio, qua in anima discentis generatur notitia totius argumentationis, puta, quibus quaeque argumentatio et generatim et speciatim constet, ac quae de cujusvis sint formali ratione; 2: notitia illis praeceptis generata, qua dignoscimus totius argumentationis naturam. Nec imprudenter nova appellatur, quia objective est de toto habente rationem novioris et posterioris; totum enim novius est et posterius suis partibus. De qua insequentes Aristoteles perscripsit libros: Priorum analyticorum duos, posteriorum duos, topicorum octo, elenchorum duos. Quibus adde librum consequentiarum, obligationum, insolubilium, de modo opponendi item et respondendi. Vetus logica est 1: praeceptionum collectio, qua procreatur in anima discentis notitia passionum partium argumentationis, i. e. terminorum et propositionum, quae accommodantur veritati, falsitati, formali quoque argumentationi cognoscendae; 2: notitia quaelibet hujus modi praeceptionibus in anima discentis generata, qua deprehendimus passiones partium argumentationis, i. e. terminorum et propositionum. Hanc rectissime veterem appellant, quod objective est partium, quae prioris et vetustioris rationem habent. Cui sequentes serviunt libri: Isagoge, i. e. introductiones Porphyrianae, quibus de quinque universalibus agitur; Categoriae, i. e. praedicamenta Aristotelis, quibus decem praedicamentorum natura pervestigatur; peri Hermenias, i. e. de interpretatione Aristotelis duo, quibus de propositione et illius passionibus determinatur. Connumerari possunt et his liber suppositionum, ampliationum, restrictionum, alienationum, confusionum et exponendi propositiones. Fast wörtlich so im Breviarium A2ᵃ. Und ganz ähnlich Tr.'s College Bartholomäus Usingen in seinem 1507 erschienenen Compendium totius logice brevissimis figurulis expositum, A2ᵃ.

laube zugänglich gewordenen Schriften, nämlich die beiden Ana=
lytiken, die Topik und die Elenchi.[1]) Später vergaß man, daß
diese Bezeichnung vom Alter des Gebrauches der betreffenden
Bücher entlehnt war und suchte sie aus dem Inhalte derselben
zu erklären. Wie es scheint, war der 1455 verstorbene Nikolaus
Dorbellus der Erste, bei dem diese neue Deutung vorkam.[2])
Sie blieb von da an die herrschende, ward aber in sich auch
wieder geändert. Denn während Dorbellus erklärt hatte, die
alte Logik habe ihren Namen daher, daß ihre Gegenstände der
Logik ferner längen als der Syllogismus, der Gegenstand der
neuen Logik, so sprach sich Trutsetter dahin aus, die alte Logik
habe ihren Namen erhalten, weil sie mit den Wortformen und
Sätzen, also den Theilen sich beschäftige, und die Theile seien
älter und früher als das Ganze, hier die Schlüsse, der Gegen=
stand der neuen Logik.

Diesem Standpuncte gemäß wird denn auch von Trutsetter
in der uns jetzt beschäftigenden Schrift die Frage beantwortet,
ob man Recht daran thue, die „alte Logik" vor der „neuen"
zu behandeln. Er bejaht sie natürlich, denn außer dem eben
Erwähnten, was allein schon entscheide, habe man noch zu be=
achten, daß die vetus ars viel leichter sei als die nova, und
daß, wenn man die in jener liegenden Schwierigkeiten über=
wunden habe, man in dieser um so schneller Fortschritte machen
werde. Des weiteren giebt er dann nach noch einigen einleiten=
den Fragen kurze erläuternde Bemerkungen zu den im Titel ge=
nannten Schriften mit fortwährenden Rückverweisungen auf seine
Summa.

Unmittelbar hieran schloß sich die verheißene Behandlung
der nova ars in dem Buche:

**Analyticorum: Topicorum: et Elen | chorum Aristotelis Succinctum
et | breviculum Interpretamentum: simul ac Questionum ex his | desu-
mibilium pro Noue logices Exercitio necessaria | decisio: cum primis
ex Summa Dialectica Isenaccensi pendens.** [3])

Diese von Maternus wieder mit einem Hexastich den Stu=

---

1) Prantl, Gesch. d. Logik 3, 4, 26, 206.
2) Prantl, Gesch. d. Log. 4, 176.
3) In dem Stuttgarter Sammelbande.

birenben empfohlene Schrift ist ziemlich umfangreich. In ihren brei Abtheilungen, bie immer wieber mit neuem Alphabeth an= fangen, also vielleicht auch einzeln verkauft wurben, füllt sie fast 36 Bogen in Quart. Die Vorrebe enthält nichts Beson= beres und auch bie Behandlung bes Stoffes ist ganz wie in ben vorigen Schriften, eine für bie Schüler berechnete Erklärung bes Aristotelischen Textes.

Endlich gehört noch hierher:

Explanatie in nennulla Petri Bur | delagensis: quem Hispanum di | cunt: volumina: adee brevis et commeda: vna cum inter | rega-tienum ex ijs elicibilium: et Sophismatum Alberthi | Saxenis expedi-tiene: ad que cum primis valet Opus | Maius Isenackcense. [1])

Das Tetrastich bes Maternus lautet:

En te nunc alio donat vir doctus opello:
Quo fias logica vafrior arte puer.
Sit modo magna tibi discendi plura cupido
Doctorem impigrum fata dedere: Vale.

Darnach waren biesem nur 14 Blätter füllenben Schriftchen schon mehrere ganz ähnliche über Logik vorangegangen; und bann bleibt für basselbe kein anberer Platz als ber hier ihm ange= wiesene.

In ber Vorrebe bemerkt ber Verfasser,[2]) Petrus Hispa= nus[3]) folge zwar an vielen Stellen seiner Schriften ber Lehre ber alten und bekämpfe häufig bie ber neueren Philosophen,

---

1) In bem Stuttgarter Sammelbanb.

2) Quamquam Petrus de Hispania multis in locis suorum logicae voluminum Antiquariorum dogma sectari et contra Recentiorum philosophorum sententiam plurima disserere videatur, tamen quia apud nos in quibusdam illorum interpretari (!) solet, eum ita glos-sematis et expositiunculis depuravimus atque, ut semel dicam, nu-peris explicatibus adeo ductui nostro convenientem effecimus, ut nihil amplius dialecticae studiosus artis desiderare debeat aut saltem jure possit.

3) Beachtung verbient, was er über bessen Persönlichkeit schreibt, als Zeichen einiges Freimuthes: Petrus Hispauus ille, ut arbitror, natione portugallensis, ulixbonensis patria, ex tusculano episcopo tandem summus pontifex sub nomine Joannis vicesimi primi creatus, vir in medicinis valde eruditus atque in saeculari philosophia egregie doc-

aber in Erfurt pflege er nach letzteren erklärt zu werden; da=
her habe er ihn denn durch Erläuterungen gereinigt und so für
den Erfurter Gebrauch hergerichtet, daß kein Schüler der Logik
noch an ihm Anstoß nehmen könne. Der bessern Uebung wegen
habe er das Ganze in Fragen zerlegt und den einzelnen Fragen
Sophismata des Albert von Sachsen[1]) beigefügt, um dem alten
Erfurter Brauche zu genügen, wonach beim Disputiren solche
Probleme[2]) mit den Fragen verknüpft würden. Ihrer möge
der Lehrer sich bedienen, um sie nach dem Fassungsvermögen
der Schüler zu erklären. Mit kurzen Worten giebt er über den
Inhalt der sieben Tractate, welche die Summulae des Petrus
umschließen, Auskunft und empfiehlt dabei nach damaliger Schul=
sitte haarsträubende Memorialverse.[3]) Von den 7 Tractaten
erklärt er aber nach der in der Vorrede angegebenen Weise nur
die vier ersten, denn über diese allein pflege man in Erfurt zu
lesen.[4]) Also auch hier engster Anschluß an das dort Her=
kömmliche und Beschränkung auf dasselbe. Man erhält immer
wieder den Eindruck, daß Trutfetter die zuletzt besprochenen vier
Schriften lediglich für die Erfurter Studirenden verfaßte und
daß sie gar nicht weiter in den Buchhandel kamen.[5]) Daraus

tus, sed moribus stolidus, quod se semper victurum speravit et sibi
ipsi pollicebatur idque omnibus praedicavit. Verum tempore quodam
dum in precioso thalamo luderet, domus cadens inter saxa ipse obru-
tus interiit.

1) Ueber diesen einflußreichen Lehrer, † 1390, vgl. Prantl, Gesch.
der Logik, 4, 60 ff.

2) Z. B. omnis homo est omnis homo; omne animal fuit in
arca Noë; omnes apostoli Dei sunt duodecim; omnis asinus hominis
currit; omnis pater patris filii est pater; etc. Näheres hierüber bei
Prantl a. a. O. 4, 83 ff.

3) A3ᵃ: Respondet primus perier. Porphyrque secundus,
    Tertius ac praedi. quartus pri. quin quoque topi.
    Sextus elenchorum, logicalia parva dat imus.
    Oder:
    Dat periher. Porphy. praedic. pri. top. silet elenc.

4) C3ᵇ: qui solum nec plures in Erphurdiana academia solent
publice profiteri (!).

5) Die moderni in Freiburg lernten sie erst 1513 durch Scheurls
Vermittlung kennen; Briefbuch 1, 123 — 125. In Wittenberg sagte
Scheurl schon 1507 in seiner Rede bei Uebernahme des Rectorats durch

würde sich auch erklären, weshalb von ihnen, soweit man bis=
her sehen kann, nur das Stuttgarter Exemplar erhalten ist,
während die übrigen Schriften Trutfetters nicht so gar selten
sind. Jene waren eben Schulbücher im strengeren Sinne, die
durch den stärkeren Gebrauch aufgezehrt wurden.

Stehen wir nun einen Augenblick still. Trutfetter war im
Jahre 1500 als Schriftsteller aufgetreten und hatte mit starkem
Anlauf in etwa drei Jahren wenigstens sechs Schriften von zum
Theil ziemlich bedeutendem Umfange erscheinen lassen, die alle
mit der damals üblichen Logik sich befaßten. Dann verließ er
diesen Gegenstand, denn die neuen Auflagen des Breviarium
in den Jahren 1507 und 1512,[1]) die allerdings die sorgfältig
nachbessernde Hand des Verfassers nicht verkennen lassen, sind
doch keine wirklich neuen Arbeiten. Er war in den nächsten
Jahren ganz durch die Theologie in Anspruch genommen, in
welcher Wissenschaft er sich 1504 den Doctorgrad erwarb.[2])
Da blieb für die Philosophie kaum Zeit über.

Trutfetter: Exstant summulae logicales, exstant epithomata logicalia,
exstant commentarii in Aristotelem, exstant pleraque alia divini hujus
ingenii monumenta, quibus posteritati consuluit, se vero ab injuria
oblivionis vindicavit et mortalitatis, quae Parisiensis schola in manibus habet, non solum probat, sed etiam admiratur et propter hunc
unum universae Germaniae plus tribuit. — Wieviel aber in dem letzte=
ren Uebertreibung ist, läßt sich schwer ermitteln. — Unter den comm. in
Arist. wird man die zuletzt von uns besprochenen Schriften über vetus
und nova ars zu verstehen haben.

1) Epitome seu breuiarium | logice ingeniose discipline jam ab
integro | repercussum planiori quidem filo: exemplis et praeceptis per
D. Jodocum | Issennachensem. — Mit Versen des Dichters und Red=
ners Georg Sibutus Daripinus (vgl. über ihn Hutteni opp. ed.
Boecking II, 1, 469 ff), Erfurt bei W Schenk, 1507; um einige
Bogen kürzer als die erste Auflage. Die Einleitung ist besonders umge=
arbeitet; der Text ist im Allgemeinen gekürzt, die Beispiele sind vermehrt. —
Epitome seu breuiarium | dialeticae: hoc est disputatricis Scientiae |
iterum jam recusum Planiori siquidem: et praeceptorum: et exem-
plorum filo | per. D. Judocum Issennachensem. Dieselben Verse des
Sibutus; Erfurt bei Matheus Maler, 1512. Der Text gegen die
vorige Auflage wieder ein wenig erweitert. — Beide Ausgaben auf der
Erlanger Universitätsbibliothek.

2) Man meint, diese seine neuen theologischen Studien selbst in der

Jene sechs Schriften bekunden den Verfasser als einen sehr
eifrigen, für das Verständnis seiner Zuhörer besorgten Lehrer
und als einen tüchtigen Gelehrten von umfassenden Kenntnissen.
Ja man müßte ihn bewundern wegen der ungemeinen Frucht=
barkeit, wenn es sich nicht um einen Stoff handelte, den er so
zu sagen an den Fingern herzählen konnte, der in den von ihm
benützten Büchern in ermüdender Wiederholung wiederkehrte und
den nun auch er selbst, bald kürzer zusammenfassend, bald weiter
ausführend, mehrfach wiederholte. Wirklich der Sache nach
Neues gab er nicht und wollte er nicht geben.

Verwunderlicher ist, daß so viele Schriften wesentlich des=
selben Inhalts Absatz fanden. Denn Trutfetter war ja nicht
der Einzige, welcher derartiges veröffentlichte. Sein Collegc
Usingen z. B. ließ 1504 einen Parvulus logicae drucken und
1507 eine Summa compendiaria totius logicae und ein Compendium totius logicae, welches letztere schon 1508 eine neue
Auflage erlebte. Man muß eben in Anschlag bringen, daß alle
Studirende diesen logischen Curtus durchzumachen hatten und
daß die Universität Erfurt damals in Blüte stand.

Was nun Trutfetter's Stellung als Lehrer der Philosophie
betrifft — und als solcher vornehmlich stand er ja in Ansehn —,
so ist noch ein Doppeltes zu betrachten, nämlich sein Verhalten
zu den seit lange die Schule aufregenden Spaltungen und sein
Verhalten zu dem neu aufgekommenen Humanismus.

Gemeinhin pflegt man es so anzusehen, daß in den letzten
anderthalb Jahrhunderten des Mittelalters der alte Streit über

---

2. Auflage des Breviarium zu spüren. Ganz abweichend von der ersten
Auflage beginnt er nämlich in der Einleitung: animadvertendum, quod
ex sententia beati Augustini omnis doctrina objective considerat vel
res vel signa, i. e. docet aliquid cognoscere de ipsis rebus aut sig-
nis, puta suas habitudines et proprietates, verbi gratia philosophia
naturalis docet cognoscere de qualibet re, quo modo gignatur; astro-
nomia de sideribus, quo modo moveant; grammatica de vocibus,
quid et quo modo significent et sic de caeteris. Prima harum dicitur realis et altera rationis. — Dieser dem Augustin entlehnte Ein=
theilungsgrund war ihm so wichtig, daß er noch später bei Bearbeitung
der Physik wieder darauf zurückkam.

die Universalien wieder aufgenommen sei und der darin begrün=
dete Gegensatz von Realismus und Nominalismus die gesammte
Schule in zwei sich fortwährend bekämpfende Parteien zerspalten
habe [1]). Dem pflegt man wohl noch hinzuzufügen, daß der
Realismus die kirchliche Orthodoxie, der Nominalismus den
wissenschaftlichen Fortschritt vertreten habe [2]) und darum letzte=
rer auch den Einwirkungen des Humanismus zugänglich gewesen
sei. Allein diese Anschauung ist in ihrer Einseitigkeit und Un=
vollständigkeit nach den umfassenden und eindringenden Forsch=
ungen von Prantl nicht mehr haltbar. Prantl hat gezeigt, daß
der eigentliche Grund der Spaltung ein anderer war und daß
die Streitfrage in Betreff der Universalien mehr nur eine neben=
sächliche Bedeutung hatte. Er sagt — es möge mir gestattet
sein, seine eignen Worte hier anzuführen —: „Die geschichtliche
Sachlage ist, daß seit mehreren Jahrzehnten (von etwa 1470
zurück gerechnet) in dem hauptsächlichsten Lehrgegenstande der
philosophischen Facultäten, nämlich in der Logik, ein tiefgreifender
Parteigegensatz entstanden war, welcher seine richtige Bezeichnung
in den Worten antiqui — moderni fand. Antiqui hießen Die=
jenigen, welche bei Erklärung der Aristotelischen Logik und des
allgemein üblichen Compendiums des Petrus Hispanus sich an
die Autoren einer früheren Periode der Scholastik, nämlich an
Albertus Magnus, Thomas von Aquino und Duns Scotus
sowie an deren Anhänger anschlossen und sonach getreu ihren
Vorbildern auch jene Theile der Logik mit Vorliebe pflegten,
welche eine Brücke zu den damals sogenannten „realen" [3]) Dis=
ciplinen der Philosophie, d. h. zur Aristotelischen Physik, Meta=
physik und Ethik, darboten. Moderni hingegen wurden jene
genannt, welche an die durch Okkam begonnene Strömung an=

---

1) Vgl. z. B. Guericke, Lehrb. der KG. 9. Aufłg. 2, 228; Kurz,
Lehrb. der KG. 7. Aufłg. 1, 400. — Alzog, Handb. der Universal=
kirchengesch. 9. Aufłg. 2, 89; Stöckl, Lehrb. der Gesch. d. Philosophie
S. 477 ff.

2) W. Vischer bemerkt dagegen in der Geschichte d. Univ. Basel,
S. 170: „in Basel haben im Ganzen die Realisten die wissenschaftlicheren
Köpfe unter die Ihrigen gezählt und vorzugsweise das erwachende Stu=
dium der Alten gepflegt, aber auch nur vorzugsweise".

3) Vgl. oben S. 24 Anm. 2.

knüpften, indem sie an jener reichlichen Erweiterung und Fort=
bildung des Petrus Hispanus mitarbeiteten, welche sich vor
Allem auf die sogenannten proprietates terminorum, d. h. auf
die Wortformen der Begriffe und auf Verhältnisse des Satz=
baues, warf, und von hier aus zu einer unabläſſigen Uebung
in Spitzfindigkeiten und Sophismen sowie in Gewandtheit des
Disputirens derartig hinüberleitete, daß über diese neuen Zweige
der Logik (Sophismata, Insolubilia, Obligatoria, Consequen-
tiae) eine ganze Flut von Schriften entstand. Somit war der
Parteigegensatz an sich ein literarischer, nicht aber ein
speculativer, denn er gieng nicht von der Frage über die
Universalien aus, welche früher im Mittelalter die Springfeder
aller Controverſen geweſen war, sondern er bewegte sich nur in
einer Verschiedenheit der Lehrmittel, durch welche man die studi=
rende Jugend zur Logik anleiten wollte. Indem aber der
Okkamismus, von welchem die Richtung der Moderni ausge=
gangen war und welchem man die ausgesprochene Trennung
zwischen Theologie und Philosophie nicht verzeihen konnte, von
den Vertretern des Papalsystems auch aus kirchenpolitischen
Gründen für ebenso verwerflich als gefährlich gehalten werden
mußte, suchten die Thomisten in ihrem gewohnten ketzerrichter=
lichen Eifer den Betrieb der neueren Logik durch irgend eine
verdächtigende Bezeichnung zu brandmarken, wozu sie einen Vor=
wand darin fanden, daß nach allgemeiner Ansicht der „Moder=
nen" die Logik stets auf den Wortausdruck der Begriffe ange=
wiesen sei und alle Fragen über eine anderweitige reale Existenz
der Allgemeinbegriffe von sich als nicht logische Fragen ablehnen
und an die Metaphysik hinübergeben müsse. Und sobald diese
Auffassungsweise der Neueren in perfider Weise dahin verdreht
war, daß dieselben überhaupt die wirkliche Existenz der Univer=
salien verneinen, hatten die Thomisten ihr gehässiges Stichwort
fertig, indem sie die Modernen als nominales bezeichneten und
in fühlbarer Anknüpfung an die ältere Polemik, welche Anselmus
gegen Roscellinus geführt hatte, natürlich sich selbst als Ver=
treter einer orthoderen Logik, welche von den reales gehegt
werde, betrachteten. Und nachdem es in dieser Weise den Tho=
misten gelungen war, auch die Logik durch theologischen Fana=

tismus zu vergiften, begegnen wir gegen Ende des 15. Jahr=
hunderts häufig auch der erwähnten Terminologie reales —
nominales als Bezeichnung des Parteigegensatzes, und zwar
derartig, daß die Modernen sich bezüglich des Gebietes der Logik
bald mit Vergnügen nominales nennen ließen oder sich selbst
so nannten."

So Prantl [1]).

Also in Unterrichtsstoff und Unterrichtsmethode lag der
eigentliche Grund des Gegensatzes zwischen den Antiqui und den
Moderni, welche letzteren auch wohl Terministae genannt wur=
den, weil sie alles Gewicht auf die termini legten [2]). Die ver=
schiedene Stellung zu den Universalien spielte mit hinein, war
aber durchaus nicht das Entscheidende und deckte sich auch nicht
immer ganz mit dem Unterschiede von „modern" und „antik".
Und besonders darf man es nicht so auffassen, als ob die Antiqui allein die Wächter der kirchlichen Orthodoxie gewesen wären.

Fast alle deutschen Universitäten wurden von diesen Strei=
tigkeiten mehr oder minder berührt; an mehreren von ihnen kam
es zwischen den beiden Parteien zu den ernsthaftesten Händeln [3]).
Dem zu begegnen versuchte man Verschiedenes. An einigen
Universitäten theilte man die philosophische Facultät vollständig,
so daß die via antiqua und die via moderna in ihr gesondert
neben einander bestanden. An andern Orten half man dadurch,
daß man die eine Lehrweise ganz ausschloß und so für die

---

1) Geschichte der Ludwig=Maximilians=Universität 1, 53. Die grund=
legenden Untersuchungen befinden sich im 4. Bande der Geschichte der
Logik.

2) Seit Langem unterschied man die philosophia realis (Physik.
Psychologie, Metaphysik), vertreten durch die Thomisten und Scotisten, und
die philosophia sermocinalis, vertreten durch die Okkamisten. — Mit
Recht legt Prantl Gewicht auf die aus Schülerkreisen stammenden Aeußer=
ungen, wie sie in dem von Zarncke herausgegebenen Manuale scola-
rium vorkommen. Das 4 Capitel handelt de altricatione viarum et
disciplinarum; da heißt es ausdrücklich von den Modernen: alium habent docendi modum quam realistae.

3) Vgl. darüber z. B. Schreiber, Gesch. der Universität Freiburg
1, 62; W. Vischer, Gesch. d. Univ. Basel S. 171; Prantl, Gesch. der
Ludwig=Maximilians=Univ. 1, 80 ff. nebst den Urkunden in Bd. 2.

andere eine gefetzliche Alleinherrschaft herstellte. Und dies letztere war nun auch in Erfurt der Fall [1]). Hier herrschten ungestört die Moderni. So wissen wir also schon hierdurch, daß Trutfetter, der Doctor Erfurdiensis, den neuen Weg vertrat. Doch fehlt es auch nicht an ausdrücklichen Zeugnissen dafür. In der zu Eingang dieser Abhandlung benützten Aufzeichnung über Trutfetter aus dem Jahre 1514 wird er bezeichnet als sectae, ut ajunt, modernorum ac Buridani imitator et propugnator validissimus. Johann Buridan aber († um 1358) war ein Bahnbrecher für die neue Lehrweise gewesen [2]). Scheurl nannte seinen Freund Trutfetter in einem Briefe an die Freiburger Magister: modernorum principem [3]), und dieser selbst bezog sich in seinen Schriften mit besonderer Vorliebe auf Wilhelm Okkam [4]) und Gabriel Biel, den ersten und einen der letzten Hauptvertreter dieser Richtung.

Also Trutfetter war ein „Moderner" und, was ja meistens zusammenfiel, zugleich Anhänger des Nominalismus [5]). Aber er hielt sich hierbei frei von aller Schroffheit, allem Fanatismus. In Erfurt selbst war ihm zum Kämpfen kein Anlaß gegeben,

---

1) Im **Manuale Scholarium** bei Fr. Zarncke, Die deutschen Universitäten im Mittelalter 1, 13 heißt es: eruditissimi viri reperiuntur inter modernos. Nonne audisti, in quibusdam terris eos possidere integras universitates? ut Viennae, Erfordiae, utque quondam hic (in Heidelberg) erat. Nonne arbitraris, doctos hic bonosque fuisse? et nostro aevo adhuc reperiuntur. Ebendort S. 20 heißt es von den Erfurtern: colunt viam modernorum, antiquos, si qui sunt, non admittunt neque ipsis concessum est aut legere aut exercere. Quamobrem? Propter dissensiones, nam litigia concitantur, e quibus inimicitia oritur nasciturque invidia. Ad evitandas vero hujuscemodi concertationes unam viam habere existimant.

2) Vgl. über ihn Prantl, Gesch. d. Logik 4, 14 ff.

3) Briefbuch 1, 123.

4) In den Summule von 1501 heißt es C 2ᵃ: Guilhelmus Ogkam recentiorum philosophorum princeps.

5) Vgl. Breviarium B 1ᵇ; Summulae D 2ᵃ: universalia non sunt res, sed rerum vocabula; D 2ᵇ: universale nominat conceptum in anima aeque plurium repraesentativum, quem abstractum dicunt a conditionibus individuantibus, aut vocem vel scriptum illi subordinatum.

da es an Vertretern der andern Richtung fehlte. Und auch in den auf einen größern Leserkreis berechneten Schriften sehen wir ihn sehr gemäßigt auftreten; sie zeigen nirgend eine scharfe oder gar erbitterte Polemik. Ueberhaupt scheint er an Streithändeln kein Gefallen gehabt zu haben. Er war mehr ein Mann der Vermittlung, der überall das Gute und Brauchbare suchte und anerkannte. Die Ausartungen der via moderna kannte er und hielt sich nicht nur von ihnen fern, sondern suchte sie an seinem Theile zu überwinden und aus dem Unterricht zu beseitigen. Dies war ein Hauptzweck, der ihn bei der Bearbeitung seiner Lehrbücher leitete. Die Modernen standen mit Recht in dem Rufe, daß sie Sophisten und Silbenstecher seien, daß sie nur mit Formalien und Spitzfindigkeiten sich abgäben und keine ernsthafte Erkenntnis der Dinge selbst erstrebten[1]). Eben dem aber suchte Trutfetter zu begegnen. Er wünschte größere Einfachheit, Klarheit und Verständlichkeit des Unterrichtes und wollte das Sichabarbeiten in blosen Worten und im Formelwesen auf das Nöthigste beschränkt wissen. Eine Verbesserung des philosophischen Lehrganges lag ihm wirklich am Herzen. Nun werden wir zwar urtheilen, daß auch bei dem, was er für nöthig hielt, noch unendlich viel Unnützes war, daß in dem Unterrichte, zu dem er Anweisung gab, noch sehr viel leeres Stroh gedroschen ward; wir werden Luther, der an der Hand jener neu erschienenen Bücher mit großem Eifer diesen Unterricht durchmachte, Recht geben, wenn er später sagte, derselbe habe ihm weit mehr Schaden als Nutzen gebracht und solch eine Dialektik habe für die Theologie gar keinen Werth[2]). Aber darum darf

---

1) Im Manuale Scholarium heißt es S. 12: moderni versantur in sophismatibus tantum, veram doctrinam aspernantur. — S. 13: elaborant solum in parvis logicalibus et sophisticis opinionibus; — et in vera scientia nihil sciunt. Der Student, dem sie empfohlen werden, schließt mit den Worten: mihi jam cordi non est, vitam meam in his sophisticis et cavillosis conterere argumentis.

2) Schon im Febr. 1516 nennt er, de Wette 1, 15, die damalige Philosophie: perdita studia nostri saeculi und fügt hinzu: vellem, quod et M. Usingen una cum Isenach abstinerent, immo continerent aliquando ab istis laboribus. Und 1518 schreibt er an Spalatin, de Wette 1, 127: quaeris quatenus utilem arbitrer theologo: ego sane non video,

doch nicht verkannt werden, daß Trutfetter zu denjenigen ge=
hörte, die Sinn für eine bessere Unterrichtsweise hatten und die
auch geneigt waren, an der Einführung einer solchen sich zu
betheiligen, soweit die alt herkömmlichen Ordnungen der Univer=
sität es zuzulassen schienen.

Ganz dasselbe zeigt sich uns, wenn wir Trutfetters Stel=
lung zum Humanismus betrachten.

Auch die Humanisten, oder wie man sie damals gewöhnlich
nannte, die „Poeten", hatten in Erfurt längst Einfluß gewon=
nen [1]. Die dortige Hochschule war nächst Heidelberg die erste
in Deutschland gewesen, die solche zur Lehrthätigkeit zuließ [2],
und hier blieb es bei diesem Brauche, während man in Heidel=
berg die Humanisten wenigstens zeitweilig wieder verdrängte.
Sie waren in Erfurt gern gesehen und lehrten zunächst noch in
gutem Frieden.

Wenn man von Humanismus in der Reformationszeit
hört, so denkt man gleich an Widerspruch desselben gegen die
Vertreter der alten Schule und der kirchlichen Lehre und an
scharfen Kampf zwischen beiden Richtungen. Aber zu solchem
Kampfe, überhaupt zu klar bewußtem Gegensatze war es um
den Wechsel des fünfzehnten und sechszehnten Jahrhunderts noch
nicht gekommen. Erst 1506 brach Jakob Locher Philomusus

---

quomodo non sit noxia potius dialectice vero theologo. — Ego
saepius cum amicis disquisivi, quidnam videretur nobis utilitatis ac-
cessisse ex tam anxiis studiis philosophiae et dialecticae, et certe
uno consensu admirati, immo lamentati nostri ingenii sortem, nihil
utilitatis, totum autem nocentiae pelagus invenimus. Luthers Bio=
graph Melanthon sagt von ihm, Corp. Reformat. 10, 157: omnes
artes ordine percipere tanta vis ingenii potuisset, si doctores idoneos
invenisset, et fortassis ad leniendam vehementiam naturae mitiora
studia verae philosophiae et cura formandae orationis profuissent.
Sed incidit Erfordiae in ejus aetatis dialecticen satis spinosam, quam
quum sagacitato ingenii praeceptionum causas et fontes melius quam
caeteri perspiceret, cito arripuit.

1) Vgl. Kampschulte, die Universität Erfurt 1, 30 ff.
2) Vgl. Wattenbach, Peter Luder, der erste humanistische Lehrer in
Heidelberg, in der Zeitschrift für die Geschichte des Oberrheins, Bd. 22
S. 61. Der Aufsatz berichtigt einige Angaben von Kampschulte.

gegen die Scholastik mit großer Heftigkeit los[1]), und dies war so wenig im Sinne der damals tonangebenden Humanisten, daß es Locher mit den meisten seiner älteren Freunde verfeindete. Jakob Wimpheling gerieth bekanntlich eben hierdurch in scharfen Streit mit ihm[2]). Nur allmählich bildete sich der Gegensatz klarer aus und zum entscheidenden Kampfe ist es erst in den späteren Reuchlinschen Händeln gekommen. Die jüngern „Poeten" fochten ihn aus.

Man hat es mehrfach ausgesprochen, daß im vorreformatorischen Humanismus zwei Generationen zu unterscheiden seien[3]). Und dies ist ohne Zweifel richtig. Die ältere Generation hatte ihren Hauptsitz in Südwestdeutschland, besonders am Oberrhein. Es waren meistens ernstgesinnte, tüchtige Männer, denen es ebenso wie um Hebung der Wissenschaft auch um Besserung des Lebens in der Kirche zu thun war und die mit jenem eben dieses anzubahnen wünschten. Sie unterschieden sich vortheilhaft von den ersten Poeten, die in Deutschland als Herolde des neu entdeckten Alterthums auftraten, in den Realien oberflächlich gebildeten, nur durch feineren Stil sich auszeichnenden Männern, die in ihrem Lebenswandel wahrlich keine Vorbilder waren[4]). Die oberrheinischen Humanisten hielten zur Kirche als deren treue Söhne, suchten, wie sehr sie auch die Sünden der Geistlichkeit geißelten, mit den Vertretern der theo-

---

1) Vgl. Prantl, Gesch. der Ludwig-Maximilians-Universität 1, 131 ff., und besonders Hehle, der schwäbische Humanist Jakob Locher Philomusus, in den beiden Gymnasial-Programmen von Ehingen 1873 u. 1874.

2) Vgl. Wiskowatoff, Jak. Wimpheling S. 147 ff. und B. Schwarz, Jak. Wimpheling S. 93 ff.

3) So schon Cornelius, die münsterischen Humanisten. Dann Zarncke in der Einleitung zu seiner Ausgabe des Narrenschiffes S. XXV. W. Vischer, Gesch. d. Univ. Basel S. 192 f. L. Geiger will in v. Sybels Historischer Zeitschrift 1875 von S. 93 an drei Perioden des deutschen Humanismus unterscheiden, doch ist es ihm noch nicht gelungen, sie scharf von einander zu sondern und wirklich zu charakterisiren.

4) Vgl. Wattenbach, Zeitschr. für Gesch. des Oberrheins Bd. 25 S. 40 u. 54 ff. in dem Aufsatz: „Sigismund Gossembrot als Vorkämpfer der Humanisten und seine Gegner". Auch Karl Otto, Joh. Cochläus, der Humanist 1874 S. 26.

logischen Wissenschaft in gutem Vernehmen zu bleiben. Ohne gegen die Mängel der Scholastik blind zu sein, sangen sie aus Ueberzeugung das Lob der Theologie mit hohen Worten. So stand es damals auch noch in Erfurt. Als Peter Luder, jener wandernde Poet, der zu den vorher gezeichneten ersten Huma= nisten gerechnet werden muß, im Frühling 1562 nach Leipzig weiterzog, erhielt er von einem Erfurter Magister das Zeugniß mit, „er sei nicht wie Andere hochtrabend und marktschreierisch, auch wohlerfahren in den geschichtlichen Werken der h. Kirchen= lehrer" [1]). Der einflußreichste Humanist, der am Ende des Jahrhunderts in Erfurt lehrte, stammte vom Oberrhein, Ma= ternus Pistoris aus Ingweiler [2]). Er stand in freundschaft= lichstem Verhältnisse zu Trutfetter, unter dessen Augen er sich entwickelt hatte, dessen Bücher wir mit seinen Versen geschmückt fanden. Ebenso stellte sich zu dem Theologen und Philosophen der andere Führer der Erfurter Humanisten, Nikolaus Marschalk, und wie die Vertreter der ältern Generation, so hielt es zunächst auch noch die heranwachsende jüngere, die doch schon die Waffen gegen die „Sophisten" rüsteten. Eobanus Hessus, der 1504 nach Erfurt kam, bald ein Führer der Jüngeren, nennt unter seinen Lehrern auch Trutfetter [3]). Ihn zu hören konnte er wohl kaum umgehen, aber aus der Art, wie er später von ihm redete, sehen wir, daß er ihn als Lehrer auch hochstellte.

Die damaligen Humanisten haben etwas auf Trutfetter ge= halten und er seinerseits hat dies freundliche Entgegenkommen Zeit Lebens erwiedert. Nach dem, was wir schon von ihm wissen, kann uns dies nicht befremden. Er hatte Empfindung für das Bessere, suchte ziemlich unbefangenen Sinnes es sich möglichst anzueignen und wußte es für seine Zwecke zu ver= werthen.

Man hat die Bemerkung gemacht, daß nicht die Freude an der Wissenschaft, sondern der Nutzen für das praktische Leben es war, der zuerst zur Pflege des Humanismus in Deutschland

---

1) Wattenbach, Zeitschr. für die Gesch. d. Oberrh. Bd. 22 S. 63.
2) Kampschulte, a. a. O. 1, 49 ff.
3) Vgl. Schwertzell, Helius Eob. Hessus S. 7.

führte [1]). Und dies Nützlichkeitsprincip, das überhaupt die Zeit mächtig beherrschte [2]), hat auch weiter in dieser Frage noch mitgewirkt. Wie so manche ältere Theologen den Humanismus mit dem Vorwurfe bekämpften, daß er gänzlich nutzlos sei [3]), so war Trutfetter ihm offenbar auch deshalb geneigt, weil er die Brauchbarkeit der bonae literae, ihren praktischen Werth, erkannte. Er hatte selbst kein Gefallen an der so barbarischen Schreibweise, die sonst gerade bei den Vertretern der moderna via herrschte, und fühlte wohl, daß eine neue Zeit im Anzuge sei, in der man, um überhaupt gehört zu werden, sich gewöhnen müsse, anders und besser zu reden [4]). Das that er denn auch nach Kräften und nicht ohne Erfolg. Er kam freilich den Humanisten nicht gleich in Feinheit und Glätte des Ausdrucks, ebenso wenig wie dies Luther erstrebte und erreichte, aber er schrieb doch im Allgemeinen verständlich und machte sich frei von den schlimmsten Barbarismen der früheren Theologen [5]). Von ihrer Ausdrucksweise unterscheidet sich die seinige immerhin recht vortheilhaft.

---

1) Vgl. Wattenbach, Zeitschr. für Gesch. d. Oberrheins Bd. 22 S. 31 ff. Die erste humanistische Schule in Deutschland weist er um die Mitte des 15. Jahrh. nach auf der Plassenburg bei Culmbach. „Daß sich für eine reinere Schreibart Lehrer fanden und ihnen lohnende Stellungen bereitet wurden, verdankte man weniger einem wissenschaftlichen Trieb oder Bedürfnis, als der Verlegenheit der Fürsten, welche bessere Stilisten für ihre Kanzleien suchten."

2) Der Nutzen war fast die erste Frage. Im Manuale Scholarium fragt S. 13 der junge Student den älteren: te rogo, mi Bartolde, expono mihi, quid tamen utilitatis in se habet modernorum via? In einem andern Gespräch über Terenz heißt es S. 15: quid autumas in his esse comoediis utilitatis? In Trutfetters Schriften wird überall schon in der Einleitung über den Nutzen der Logik oder Dialektik gehandelt.

3) So z. B. der Wiener Theologe Konrad Säldner in seinem Briefwechsel mit dem Augsburger Humanisten Gossembrot, vgl. Wattenbach in der Zeitschr. für Gesch. d. Oberrh Bd. 25 S. 36 ff.

4) Vgl. oben S. 12 Anm. 3. Aehnlich Cochläus; vgl. Karl Otto a. a. O. S. 27.

5) Wer Lust hat den Unterschied kennen zu lernen, vergleiche z. B. die Briefe des sonst ehrenwerthen Konrad Säldner in Wien, die Wattenbach hat abdrucken lassen, mit den Vorreden Trutfetters.

Trutfetter war nominalistisch gesinnter Anhänger der „modernen Lehrweise" und Freund des Humanismus. Aber durch beides ward seine Stellung zur Kirche in keiner Weise beeinflußt; er fühlte sich nicht irgendwie in Gegensatz zu ihr. Was er vom Humanismus sich aneignete, sollte ihm hauptsächlich als Mittel zum Zweck dienen; er wollte dadurch seine im Dienste der Kirche geübte Lehrthätigkeit zu einer ersprießlicheren machen. Und wenn er sich für den Nominalismus aussprach, so bemühte er sich alsbald nachzuweisen, daß mit diesem im Grunde auch Augustin, Gregor der Große und Johannes von Damask übereinstimmten.[1] Er war und blieb ein treuer Sohn der römischen Kirche, ein Lehrer von unerschütterter Orthodoxie.

Mit der Herausgabe der bisher erwähnten Schriften erstieg Trutfetter den Höhepunct seines Ruhmes. Er war neben Henning Göde der angesehenste Lehrer der Universität. Im Jahre 1504 erlangte er, wie erwähnt, den Doctorat der Theologie, und obwohl ausdrückliche Zeugnisse dafür fehlen, werden wir doch annehmen dürfen, daß er von nun an mit gleichem Eifer sich der Lehrthätigkeit in dieser Wissenschaft widmete. Er hatte es jetzt vornehmlich mit der Erklärung der Sentenzen zu thun. Exegetische Vorlesungen, wenn überhaupt, wird er in der vorhergehenden Zeit gehalten haben. Doch können seine Leistungen hierin nicht bedeutend gewesen sein, da es ihm an Kenntnis der biblischen Grundsprachen fehlte. Luther erwähnt einmal ein Wort Trutfetters, worin dieser der h. Schrift allein entscheidende Autorität zugestanden, allen andern Büchern gegenüber aber sich sein Urtheil frei behalten habe.[2] Doch führt das nicht gerade auf exegetische Lehrthätigkeit und giebt keinen Anhalt sie zu charakterisiren.

Wer will sich darüber wundern, daß nun, als die 1506

1) Summulae D2a.

2) be Wette 1, 109: ex te primo omnium didici, solis canonicis libris deberi fidem, caeteris omnibus judicium. „Biblische Kritik", wie Kampschulte a. a. O. 1, 22 meint, ist damit nicht angedeutet.

3 *

durch eine Pest fast auseinandergesprengte[1]) junge Universität
Wittenberg sich wieder zu sammeln und aufzuraffen begann, der
Kurfürst Friedrich darauf bedacht war, zur weiteren Hebung
derselben auch den berühmten Erfurter Lehrer zu gewinnen?
Staupitz wird ihn ohne Zweifel von Erfurt her gekannt und
seinem Fürsten dringend empfohlen haben. Und es gelang, zum
großen Verdrusse der Erfurter,[2]) die es mit ansehen mußten,
daß Einer ihrer besten Lehrer nach dem Andern an die benachbarte Universität übersiedelte. Schon 1502 war Marschalk dort-
hin gegangen, 1507 folgte Trutfetter und 1509 gar Henning
Göde. Da ist es begreiflich, daß bei den Erfurtern schon ein
Jahrzehnt vor Beginn der Reformation sich eine bittere Stim-
mung gegen Wittenberg festsetzte, unter der, wie es scheint, auch
Luther zu leiden hatte.[3])

In Wittenberg war man über Trutfetters Kommen sehr
erfreut und bereitete ihm die ehrenvollste Aufnahme, denn seine
in Aussicht stehende Mitarbeit galt als eine sichere Gewähr für
das Aufblühen der jungen Universität. Der Kurfürst bot ihm
eine hervorragende Stelle an dem reich ausgestatteten Collegiat-
Stifte der Allerheiligen Kirche.[4]) Wie gewöhnlich die Stifter
hatte auch das Wittenberger damals 12 canonici nach der Zahl

---

1) Liber Decanorum facultatis theologicae academiae Vitebergen-
sis p. 2.

2) Mit ziemlicher Rhetorik sagt Scheurl 1507 bei Uebergabe des
Rectorats, Orationes Doctoris Christophori Scheurli B2ₐ: nihil omisit
principum literatissimus, quin literatorum principem ad nos traheret,
quantumcunque Erfordiana schola reclamaret, doleret, gemeret, plo-
raret, ac si hoc proficiscente vidua remansura esset, orba et ace-
phala, i. e. sine capite, et imprimis ac si logica sua monocula futura
esset et theologia caeca.

3) Ich glaube, daß diese Verstimmung mit im Spiele war, wenn
Luther 1509 für einige Zeit wieder nach Erfurt zurückberufen ward; vgl.
darüber Köstlin, Martin Luther 1, 96 ff. und meinen Aufsatz in der
Zeitschr. für Protestantismus und Kirche Bd. 67 S. 171 ff.

4) Gleichzeitige Angaben über dies Stift in der am 16. Nov. 1508
gehaltenen Rede: Oratio doctoris Scheurli attingens litterarum prestan-
tiam, necnon laudem Ecclesie Collegiate Vittenburgensis. Dec. 1509.
Lipsiae, Martinus Herbipolensis. Dort von B3b an. Die Rede befindet
sich im Germanischen Museum.

der Apostel, außerdem 9 vicarii, 8 sacerdotes und 8 chorales. Sodann war von den Fürsten, als sie 1507 das Stift der Universität einverleibten, bestimmt worden, vier der Stiftsherrn sollten baccalaurei der Theologie sein und an der Universität die artes liberales vertreten. Die übrigen sieben sollten Doctoren sein und zwar 3 Theologen, 4 Juristen. Der Probst sollte das päpstliche Recht erklären, der Decan speciell das Decret; der Archidiakonus und der Cantor hatten über Theologie zu lesen, der Custos hatte am Freitag hierüber, der Scholasticus über den Liber sextus zu disputiren; dem Synbicus allein war das kaiserliche Recht zugewiesen. Alle diese Herren, die von ihrer Stiftsstelle genügendes Einkommen bezogen, waren verpflichtet, unentgeltlich zu lesen. Scheurl rühmte es als einen besondern Vorzug der Wittenberger Hochschule,[3] daß man dort die Wissenschaft umsonst habe, während man sie anderswo kaufen müße. Und als einen Vorzug des Allerheiligen-Stiftes bezeichnete er es, daß nach dem Willen der Fürsten bei der Aufnahme nicht, wie sonst meistens geschehe,[1] auf Abel, sondern auf Gelehrsamkeit und Sittenreinheit gesehen werden solle.

An dieses Collegiatstift ward Trutfetter, der schon Kanonikus des St. Severistiftes in Erfurt und Decan in seiner Vaterstadt Eisenach war, vom Kurfürsten als Archidiakonus berufen und ihm damit also eine Lehrerstelle in der theologischen Facultät angewiesen. Die Universität aber ehrte ihn dadurch, daß sie einstimmig für das bevorstehende Wintersemester ihn zum Rector erwählte, wie für das ablaufende Sommersemester mit dem im Frühling 1507 aus Italien eingetroffenen Christoph Scheurl geschehen war. Spätestens zu Anfang des September 1507 muß

---

3) Hoc est, quod ego praedicare soleo, alibi emi litteras, Wittenbergae volentibus emere donari, et non donari modo, verum etiam, addi praemia et honores amplissimos. Ueber Honorarsätze an anderen Universitäten vgl. z. B. Prantl, Gesch. d. Ludwig-Marimilians-Universität 1, 58. Dazu Schreiber, Gesch. d. Univers. Freiburg 1,46.

4) Vgl. hierzu den Aufsatz von Mone, „Organisation der Stiftskirchen vom 12. -- 16. Jahrh." in der Zeitschrift für Gesch. des Oberrh. Bd. 21 S. 1 ff.

er nach Wittenberg übergesiedelt sein,[1]) und am 16. Nov. ward ihm durch Scheurl das Rectorat übergeben, bei welcher Gelegenheit dieser die schon mehrfach erwähnte und benützte Rede in der Stifts= kirche hielt. Das Rectorat verwaltete er bis zum Frühling und übernahm am 1. Mai 1508 das Decanat in der theologischen Facultät. Am 18. October 1509 ward er zum zweiten Male zum Decan erwählt. Ueber seine Verwaltung dieser akademi= schen Aemter erfahren wir nichts Besonderes. Doch darf wohl daran erinnert werden, daß 1508 die theologische Facultät ihre Statuten empfieng,[2]) und da ist jedenfalls anzunehmen, daß er bei Abfassung derselben wesentlich mit betheiligt war. Sei= nem Einflusse wird es zuzuschreiben sein, daß z. B. in der Pro= motionsordnung ganz die alte Weise beibehalten ward. In dieser Ordnung war nun eine Lücke gelassen bei den Bestimmungen über die Zeit, in der die zu Promovirenden ihre Lehrpflichten bis zur nächsten Stufe zu erfüllen hätten.[3]) Das gab Trutfetter als Decan Veranlassung, am 25. Oct. 1509 alle theologischen Ma= gister zu versammeln und mit ihnen zu berathen. Es muß da= mals der Mißbrauch eingerissen gewesen sein, daß Promovirende irgendwo auswärts ihre Verpflichtungen abmachten, sich dabei also der Aufsicht der Facultät ganz entzogen. So lesen wir z. B. in einer Chronik der kleinen hessischen Stadt Frankenberg: „Anno Christi 1505 im Augustmonat erhub sich ein Sterbend zu Erfurt an der Pestilenz. Da zogen die Magistri aus, ein jeglicher wohin er kund. Das waren unter den Frankenbergi= schen vier Magistri. — Und hatten auch Baccalaureos und fast andere gelehrte Gesellen, edel und unedel. Und die hielten ihr Studium allda und complirten ihre lectiones pro gradibus und verzehrten ihren Pfennig bei denen von Frankenberg und zogen

---

1) Scheurl schreibt am 6. Sept., Briefbuch 1, 48: singulare decus gymnasii nostri, eximius magister noster Jodocus.

2) Liber Decanorum p. 141 sqq.

3) Liber Decan. p. 145: quod ad tempus completionis attinet, hoc totum relinquimus et arbitrio et discretioni senatorum, quos in hoc tantum elaborare volumus, ne quem turpem promoveant, inanem literarum, dedecorantem et gymnasii nostri et eorum autoritatem.

darnach) nach dem Sterben wiederum gen Erfurt."[1] Diesem
Unfuge wollte man steuern und so wurden unter Trutfetters
Vorsitz für das complere extra universitatem feste und scharfe
Bedingungen einstimmig beschlossen.[2] Da sie nicht gar lange
nach seinem Weggange von Wittenberg einstimmig wieder auf=
gehoben wurden,[3] darf man wohl ihre Festsetzung als ein Zeichen
seines damals überwiegenden Einflusses in der Facultät ansehen.
Auch über seine akademische Lehrthätigkeit erfahren wir nichts
Genaueres. Es giebt für d. J. 1509 einen von Scheurl auf=
gestellten Lectionscatalog,[4] in welchem auch von Trutfetter theo=
logische Vorlesungen angekündigt sind, aber der Gegenstand der=
selben ist nicht näher genannt. Aus einem etwas spätern Briefe
Scheurls ersehen wir, daß er sich auf die Theologie nicht be=
schränkte, sondern auch wieder Philosophisches las, und ebenso,
daß er predigte.[5]

Etwas mehr hören wir von Trutfetters persönlichem Ver=
kehre in Wittenberg, und zwar eben wieder durch Scheurl, der
sich aufs Engste an ihn anschloß, ihn als seinen Lehrer ver=
ehrte,[6] und ihm bis zum Lebensende ein sehr anhänglicher
Freund blieb. Im August 1508 hatten sie vor, gemeinsam eine
Reise nach Erfurt zu machen, wo Scheurl ja noch nicht bekannt
war; aber sie kamen nicht dazu, da sie in Wittenberg die Säch=
sischen Fürsten erwarten mußten.[7] Besonders angeregt und le=
bendig scheint die Tischgenossenschaft gewesen zu sein, die sich
um Trutfetter sammelte. Scheurl hatte öfter davon zu rühmen
und bestellte später dem wieder geschiedenen Freunde Grüße aus
dem Tafelkreise.[8] Wer Alles zu diesem Kreise gehörte, läßt

---

1) Krause, die Schul= u. Universitätsjahre d. Dichters Eobanus
Hessus S. 16. Ein and. Beisp. b. W. Bischer, Gesch. d. Univ. Basel S. 224.
2) Liber Decan. p. 6.
3) Liber Decan. p. 14.
4) Karl Jürgens, Luthers Leben 2, 214.
5) Br. v. 12. Aug. 1513 im Briefbuch 1, 124: viam modernam
instituens sine intermissione legebat, studebat, docebat, praedicabat,
orabat.
6) Oft redet er ihn in den Briefen als praeceptor an.
7) Briefbuch 1, 52.
8) Briefbuch 1, 73: quod scire cupis de coepulonibus, sumus

sich nicht mehr ermitteln; nur soviel können wir feststellen, daß
der Stiftscantor Ulrich von Dinstet, Amsdorf, und wahrschein=
lich auch der Theologe Petrus Lupinus darunter waren. Daß
Luther hieran nicht theilnehmen konnte, verstand sich bei ihm,
dem Klosterangehörigen von selbst. Aber auch sonst lassen sich
keine Spuren davon nachweisen, daß er in Wittenberg mit Trut=
fetter Verkehr unterhielt. Luther war überall nicht lange dort
mit ihm zusammen, denn erst gegen Ende des Jahres 1508 kam
er und schon im Frühling 1509 nach seiner Promotion zum
Biblicus mußte er wieder nach Erfurt zurück. Und dann be=
wegte er sich bereits in ganz andern Bahnen als sein Lehrer.
Ihm war es ein Verdruß, mit der herkömmlichen Philosophie
sich abplagen zu müssen, während jener sich derselben mit neuer
Lust zuwandte.

Als man Trutfetter nach Wittenberg berief, hoffte man, er
solle der jungen Universität durch lange Thätigkeit zu rechtem
Glanze verhelfen. Aber diese an seinen damals so berühmten
Namen geknüpfte Hoffnung ward bald getäuscht. Er blieb nur
kurze Zeit und wir dürfen jetzt wohl sagen, es war dies für ihn
wie für die Universität gut, denn letztere, das Arbeitsfeld des
aufstrebenden Luthers, blieb so vor noch härteren Kämpfen be=
wahrt, und Trutfetter brauchte nun doch nicht in nächster
Nähe die Entwicklung mit anzusehen, die ihm ohnehin den Abend
seines Lebens verbitterte.

Auf den Ursachen seiner Rückkehr nach Erfurt ruht immer
noch ein nicht ganz aufzuhellendes Dunkel. Doch läßt sich so=
viel mit Gewißheit sagen, daß Luthers Anfänge damit in gar
keinem Zusammenhange standen. Das Wahrscheinlichste ist, daß
die Erfurter seinen Weggang nicht verschmerzen konnten und
auf alle Weise sich bemühten, ihn wiederzugewinnen. In Wit=

novem et ex his conterranei mei duo. Quamquam autem proverbio
dicatur: septem convivium, novem convicium, vivimus tamen cum
hospite concorditer, nisi quod absente Eisenacho abest magna
pars honestatis, coram quo nemo etiam minus caste cogitare debebat.t
Vgl. S. 74, 83. Wer der hospes war, bei dem man aß, kann ich nich
sagen. Doch vgl. S. 102: hospitem meam saluta die marischepulin.

tenberg aber scheint sich balb eine Partei gebildet zu haben, die — wir wissen nicht, aus welchen Gründen — Trutfetter nicht geneigt war, sondern ihm entgegenarbeitete. Das wird für diessen der Beweggrund gewesen sein, die Hand zu ergreifen, die man ihm von Erfurt her wieder reichte. Als er nach Wittenberg gieng, war er Decan der St. Severikirche in Erfurt. Im Sommer 1510 erwählten ihn statt dessen²) die Erfurter zum Archidiakonus an ihrem Dom. ¹) Trutfetter, von dem man nach seinem spätern Auftreten vermuthen muß, daß er der gerade damals in der Stadt zur Herrschaft gelangten Mainzischen Partei sich zuneigte, nahm dies an. Er begab sich nach Erfurt, zunächst auf einige Tage und, wie es scheint, noch mit der Absicht, wieder nach Wittenberg zurückzukehren. Aber dazu kam es nicht, ohne daß wir den Grund dieser Willensänderung angeben könnten. Im October 1510 erhielt er vom Kurfürsten in ziemlich ungnädigen Ausdrücken seine Entlassung³) und in Wittenberg belegte man sogar Einkünfte, auf die er ein Recht zu haben glaubte, mit Beschlag. ⁴) Scheurl blieb nur übrig, dem Freunde sein Eigenthum nachzuschicken. Die Briefe Scheurls über diesen Gegenstand leiden an einiger Dunkelheit, da sie Antworten auf Briefe Trutfetters sind, die wir nicht mehr besitzen. Doch sehen wir daraus, daß Trutfetters Angelegenheit, welche Scheurl in Wittenberg vertrat, während einer Reise, die dieser in der Weihnachtszeit 1510 im Auf

---

1) Schon am 8. Oct. 1510 ließ Scheurl (Briefb. 1, 65) durch Tr. einen Decan von St. Severi grüßen, also kann Trutfetter nicht mehr Decan gewesen sein.

2) Brief v. 26 Juni, Briefbuch 1, 61.

3) Briefb. 1, 63: intelliges ex literis Ambstorphii, principem profectioni tuae, quando diutius refragari non potuit, assensisse, nec te moveat assensionis formula, quippe excusatione dignum judico gymnasii erectorem, si eum gymnasiarcham illubens atque invitus amittit, cujus similem olim timeo non recuperabit. Kampschulte sagt also 1, 43 irrthümlich, daß Tr. um 1513 zurückkehrte.

4) Briefb. 1, 70; in der Wittenberger Magisterversammlung ward geltend gemacht: Isenacho fieri summam injuriam, quod indicta causa contra jus et fas meritum stipendium sequestraretur. Gleich darnach ist von stipendium arrestare die Rede.

trage des Welserischen Handlungshauses nach Schlesien zu machen
hatte, zunächst eine schlimmere Wendung nahm. Führer der Ge=
genpartei scheint der in Wittenberg ja sehr einflußreiche Pollich
von Melrichstadt gewesen zu sein,¹) der damals mit den Ver=
tretern der scholastischen Philosophie bekanntlich auf keinem gu=
ten Fuße stand. In Scheurls Abwesenheit trat die Gegenpartei
immer schroffer auf. Bei einer für diese Angelegenheit berufenen
Senatsversammlung im Februar, der auch Scheurl wieder bei=
wohnte, waren es nur sehr wenige, unter ihnen der Humanist
Simon Stein, die es wagten, offen für Trutfetters Recht die
Stimme zu erheben. Besonders stark gegen ihn eiferte Karl=
stadt, der, wie es scheint, bei jener Geldfrage betheiligt war,
und in Geldsachen, wie man weiß, gerade keine hohen Gesin=
nungen hegte.²) Dennoch stand Trutfetter von seinem Rechte
nicht ab und seine Freunde, zu denen fortwährend auch Ams=
dorf zählte, vertraten ihn, Scheurl sogar so nachdrücklich, daß
man ihn in Wittenberg einen „Erfurter" nannte.³) Ja als
Scheurl den Freund in Erfurt besucht hatte, schien es, als werde
ihn dies selbst um die Gunst bringen, in welcher er bisher bei
Hofe stand. Man merkt bei dieser zunächst doch rein persön=

---

1) Scheurl redet Briefb. 1, 70 von einem delirus senex und 1, 71
von einem tyrannus literarius, der in jener Senatsversammlung, in wel=
cher der Probst Henning Göde fehlte, geherrscht habe Dies kann kaum
auf Jemand anders als auf Pollich gehen. Man wird hierin bestärkt durch
das, was Scheurl nach Pollichs Tod an Tr. schrieb, Briefbuch 1, 128:
mors est consentanea vitae; sunt tamen audita Dei occulta: homo
magis medicus, quam theologus, regnandi autem cupidus, quumque regnare non didicisset, prout quisque imperium ad se trahe-
bat, ita eum sequebatur, non semper earundem partium, nec idem
sedens quod stans sentiens, super omnia tamen rem literariam, quantum intelligebat, dilexit, auxit, promovit. Man möchte fast an ein
Wortspiel mit dem Namen glauben, wenn es 1, 70 von jenem senex heißt:
neque enim ingenio pollet, nisi quod creditur minus favere his, qui
te, hoc est justum et aequum, amplectimur.

2) Jäger, Andreas Carlstadt S. 3, wo ebenfalls Trutfetters Rück=
kehr unrichtig auf 1513 gesetzt ist.

3) Briefb. 1, 79: quid, quod pro egregia probitate tua me tibi
devotum et deditum multi Erphordianum nuncupant?

lichen Angelegenheit die Eifersucht zwischen Wittenberg und Er=
furt durch, sowie die gerade damals ziemlich starke Spannung,
die zwischen Kursachsen und Kurmainz bestand.[1])

Trutfetter scheint schließlich befriedigt zu sein; wenigstens
konnte Scheurl ihm schon im Mai 1511 melden, daß der Kur=
fürst geneigt sei, ihm unter gewissen Bedingungen eine Summe
auszahlen zu lassen.[2]) In Wittenberg gestalteten sich die Ver=
hältnisse vor der Hand noch immer unerquicklicher. Im Herbst
1511 legten sie auch Staupitz den Wunsch, wegzukommen, nahe,[3])
und wir werden nicht irren, wenn wir annehmen, daß selbst
bei Scheurl dies zur Erleichterung seines Entschlusses mitwirkte,
als im Frühling 1512 die Einladung an ihn ergieng, in seine
Vaterstadt Nürnberg zurückzukehren.[4])

Trutfetter war wieder, nicht blos dem Ehrennamen nach,
sondern in Wirklichkeit „der Erfurter Doctor;" er stand von

---

1) Briefb. 1, 81: quid, quod communes aemuli jactitant, me
propter familiaritatem, quam cum vestris contraxi, esse Erphordianum? quid, quod mihi et inter hos peculiaris sacerdos et confes-
sor ducales publice constanterque praedicarunt, summa et incredibili indignatione commotum principem, quod ad vos iter declinassem?
Unde arrepto calamo perscripsi ego diligenter ad eum, qui a secre-
tis est, quemadmodum ea res gesta esset, quae mea negotia, quid
mihi commercii Mogunciaci fuisset, quibuscum denunciabar plane
familiariter prandisse; quumque interea coram mecum commen-
taretur, respondit, principem eo usque ejus rei fuisse ignarum,
qua intellecta mihi non posse quicquam imputare, debuissem tamen, immo fuisset mei muneris ab aliquorum consortio abstinere.
In einem Sammelbande der jetzt im Germanischen Museum aufbe=
wahrten Christoph Scheurl'schen Bibliothek, demselben, der die oben be=
nützten Reden enthält, befindet sich Handschriftliches: Acta coram Imperi-
ali maiestate inter Duces Saxonie et Erphordienses, 12 Blätter. Darun=
ter sind Schriftstücke gerade aus dem Jahre 1511.
2) Briefb. 1, 77. Auch dieser Brief ist nicht ganz klar.
3) Briefb. 1, 78: Doctor Staupitz et ipse temporum pertaesus
abeundi petiit consensum.
4) Vgl. Briefb. 1, 80 unt. Dazu 1. 114 v. März 1513: qui in
statu periclitetur respublica literaria apud Vitteb., puto te non ig-
norare.

Neuem auf dem Boden, auf welchem er sich heimisch fühlte: er
wirkte an der Hochschule, an welcher er unbezweifelt als der Erste
galt. In Erfurt war freilich inzwischen auch Manches anders
geworden. Die Bürgerschaft war durch heftige Parteikämpfe zer=
rüttet,[1]) und an der Universität brach gleich nach Trutfetters
Rückkehr um Michaelis 1510 der von den übelsten Folgen be=
gleitete „Studentenlärm" los.[2]) Damit begann für die Hoch=
schule die Zeit des Verfalls, den natürlich auch Trutfetter nicht
aufhalten konnte. In seinen persönlichen Verhältnissen aber
scheint sich mit alledem nichts wesentlich geändert zu haben.

Selbstverständlich hatte er als Lehrer auch jetzt vornehmlich die
Theologie zu vertreten, aber schriftstellerisch befaßte er sich nicht mit
ihr und es war vergeblich, daß Scheurl ihn vermahnte, doch
auch einmal etwas Erbauliches zu schreiben.[3]) Dagegen scheint
er sich nun mit besonderem Eifer wieder der Philosophie zuge=
wendet zu haben. Im Jahre 1512 erschien bei einem neuen
Verleger die schon erwähnte dritte Auflage des Breviarium dialecticae,[4]) begleitet von empfehlenden Versen des Wittenberger
Humanisten Sibutus. Und schon 1514 gab Trutfetter sein zwei=
tes Hauptwerk heraus unter dem Titel:

Summa in totam phy. | sicen: hoc est philosophiam natura-
lem | conformiter siquidem vere sophie: que est Theologia per D. Ju-
docum Isennachcensem in gymnasio Erphor | diensi elucrabata et edita.[5])

Dem Titel folgen zwei Gedichte des Johannes Pistorius
von Kirchburg und am Schlusse findet man ein Empfehlungs=
schreiben des Mag. Jodocus Textoris von Windsheim eines Ver=
treters der Scholastik, nebst Versen des Dichters Helius Eoba=
nus Hessus und eines fränkischen Adeligen Georg von Streit=
berg, eines Doctors der Philosophie.

---

1) Kampschulte, die Universität Erfurt 1, 120.
2) Kampschulte a. a. O. 1, 141 ff.
3) Briefb. 1, 135 v. 19. Oct. 1514: rogo, ut et tu quoque aliquid simile perscribas, puta de amando Deo, de quiete animae, fu-
turo gaudio, miseria humana, unde anima devota consolari posset.
4) Vgl. Briefb. 1, 103; das breviarium ist das dort erwähnte opus-
culum in rationali philosophia.
5) Auf der Erlanger Universitätsbibliothek.

In der Vorrede berichtet der Verfaſſer, durch die Bitten von Studirenden ſei er dazu bewogen worden, eine kurzgefaßte Einleitung in die Phyſik mit beſonderer Rückſicht auf die Kunſt= ausdrücke zu ſchreiben, damit jene nicht gleich an der Schwelle dieſer Wiſſenſchaft ins Straucheln kämen. Noch mehrſach betont er, daß ſein Buch auf die angehenden Schüler in der Philo= ſophie berechnet ſei und begründet damit auch die Beſchränkung, die er in der Behandlung des Stoffes ſich auferlegt habe. ¹) Solchen, die tiefer in den Gegenſtand einzubringen wünſchen, giebt er Nachweis für weiteres Studium, beſonders verweiſt er auf einen tractatus non vulgaris eines Predigermönchs und Magiſters der Theologie Theodoricus Teutonicus.

Den Stoff zerlegt er dann im Anſchluß an Ariſtoteles in 8 Theile, die in ebenſoviel Büchern behandelt werden, nämlich:

1. entis mobilis principia et proprietates vel passiones generales non contracte ad aliquam speciem motus perquiruntur;

2. motus ad ubi (i. localis) corporum simplicium pervestigatur;

3. motus ad formam (i. generationis et corruptionis) et aliarum mutationum eis annexarum (i. augmentationis et alterationis) passiones et proprietates generales perquiruntur;

4. de mixtorum imperfectorum generatione tractatur, de impressionibus sive effectibus in elementis ex alteratione qualitatum primarum derelictis, atque elementis in quantum sunt in via ad hujusmodi mixtiones imperfectas;

5. mixtorum perfectorum et inanimatorum (i. lapidum, minerarum et hujusmodi) generatio monstratur, puta, quae

---

1) A5ᵃ: has (partes) siquidem omnes quum nec etiam in transitu, ut dici solet, et superficie commemorare compendii ratio sinat, collibeat saltem posthabitis disceptationibus supervacaneis, speculationibus subtilioribus probationibusque minus necessariis paucula quaedam generaliora et necessariora (quae tantillae aetati, cui hoc epitome dedicare constituimus, còngruere et initiatorum animos oblectare simul ac ad altiora capescenda praeinstruere valeant) simplici narratione ac stilo plano, eorum solum, quos nominales (!) vocant, sententiam recitando cum annotationibus quibusdam in margine pro fusiore et ampliore lectione praelibare.

sint illorum principia, quouam pacto generentur et quibus
proprietatibus sint substrata;

6. agitur de operationibus animae (formae rerum na-
turalium perfectissimae) ex parte ipsius principaliter se te-
nentibus;

7. actiones et passiones animae principaliter corpori at-
tributae et ex parte ipsius se tenentes explicantur;

8. animantium singulorum, puta animalium et vegeta-
bilium, enarratur generatio.

Es war also das ganze Gebiet der Natur in diesem 40 Quart-
bogen starken Buche vom Verfasser umspannt, und dabei kann
man ihm nicht nachsagen, daß er wirklich der für Anfänger
wünschenswerthen Kürze sich befleissen habe.¹) Am meisten hat
er sein Werk angeschwellt durch die uns schon bekannte Neig-
ung, Stellen aus andern Schriftstellern einzuflechten. Und seine
früher gerühmte Belesenheit war indeß noch sehr gewachsen.
Ausser den oben bereits genannten Schriftstellern finden sich hier
noch Anführungen aus Jacobus von Viterbo, Wilhelm von Paris,
Gottfried de Fontibus, Ovid, Nikolaus de Lyra, Wilhelm Gor-
ris, Paulus Burgensis, den Astronomen Benzeroth Archazel und Alphons, dann aus Campanus, Richarbus de mebia Villa, Gualterus
Burlei, Macrobius, Picus von Mirandula, Petrus Alphernia,
Seneca, Beda Venerabilis, Nikolaus von Oresme, Petrus Tar-
taretus, Johannes Niber, Guilelmus de Conchis, Boccaccio, Vi-
truvius, Lucretius, Strabo, Philipp Beroaldus, Aulus Gellius, Vincentius, Franz Petrarca, Raphael von Volaterra,
Varro, Columella, Palladius, Juvenalis, Lucanus, Galenus,
Franziscus Grapaldus, Leonhardus de Utino, Henricus de

---

2) Melanthon schreibt 1534, Corpus reformatorum 2, 718: scis
in scholis Physica, quae sic vocantur, Ἀριστοτέλεια vel potius Tar-
taretica aut similia, frigidis ac insulsis disputationibus referta esse.
Und 1540 im Widmungsschreiben seines Commentarius de anima, Corp.
Ref. 3, 911: utile est adolescentibus judicii acuendi et confirmandi
causa, duos aut tres conferre. Quare adhortor eos, ut inspiciant
nnum atque alterum ex superioribus scriptis. Probo Vivis acumen,
diligentiam Velcurionis et copiam Isennacensis; opinor autem, hanc
silvulam ad caeteros intelligendos profuturam esse.

Oyta, Thomas Brabantinus, Persius, Andreas Corvus von
Mirandula, Gregor Reisch, Prior der Freiburger Karthäuser,[1)]
Johannes de Janduno, Hugo a. St. Victore, Jacobus Foro-
juliensis, Theodoricus Teutonicus, Petrus de Palude, Nico-
lus, Alexander Halesius, Valerius Maximus, Tibull, Johannes de Saxonia. — Wahrlich ein buntes Gemisch von Namen aus den verschiedensten Zeiten und von der verschiedensten
Bedeutung! Wirklich Neues brachte Trutfetter in seinem Buche
nicht vor. Er faßte darin zusammen, was man damals über
die Natur im weitesten Sinne des Wortes wußte oder zu wissen glaubte. Dabei zeigte er hie und da einige Kritik und wies
den dicksten Aberglauben von sich ab. Im Ganzen jedoch blieb
natürlich auch er in den Anschauungen seiner Zeit befangen und
erzählte immer noch von Wunderlichem und Abergläubischem ge-
nug. Einige Male kam er bis an die Grenze des theologischen
Gebietes, doch streifte er es immer nur, um sich alsbald wieder
dem philosophischen zuzuwenden. So handelte er im 8. Buche
weitläufig de anima et potentia ipsius in genere und schloß
Z.4ᵃ, sich gleichsam entschuldigend, den Abschnitt mit den Worten: quid theologis cum tam studiosa immo curiosa disqui-
sitione distinctionis potentiarum animae, videtur namque re-
linquenda philosophis. Is sciat, eam non parum conferre
theologis ad convenientem assignationem imaginis beatissi-
mae Trinitatis in anima rationali, quam quidem consistere
astruunt in his tribus potentiis, memoria scil., intellectu et
voluntate; alii iterum aliter; recentiores vero in essentia
animae et duobus actibus nobilissimarum potentiarum, scil.
intellectus et voluntatis. — In demselben Buche besprach er
auch Ggl ᵃ u. s. w. die Freiheit des Willens, die er ganz in
der Weise der spätern Scholastiker faßte.[2)] Eingehend behan-

---

1) Ein Zeitgenosse Trutfetters, Vfr. der margarita philosophica,
Vertheidiger Pfefferkorns; vgl. über ihn Schreiber, Gesch. d. Univ. Freiburg 1, 63 ff., u Geiger, Joh. Reuchlin S. 238.
2) Hier findet sich ein Satz, der bald darnach Luther zu so heftigem
Zorne gegen Eck entflammte: hinc etiam voluntas dicitur praesidere
in regno animae veluti regina, quod actus caeterarum potentiarum
volendo exerceamus et nolendo cohibeamus. Im Grunde meinte er
freilich damit nur die formale Wahlfreiheit.

belte er das Verhältnis des Wollens zum Erkennen, ließ sich
aber auch hier auf die eigentlich theologischen Fragen nicht ein,
sondern schloß mit dem Satze: multa hic praeterea quae ad
moralem philosophiam spectant, puta an solius voluntatis
actus sit intrinsece et essentialiter moraliter bonus et hujusmodi. — Auch eine solche Moralphilosophie noch zu schreiben war
Trutfetters Absicht, [1]) doch kam er nicht mehr zur Vollendung.

Als die „Philosophie der Natur" erschien, mehrte sie seinen
Ruhm noch bedeutend. Besonders erfreut war Scheurl. Er
pries sie aufs Höchste, bat dann aber den Freund, nun sich zu
schonen und seinem Fleiße Zügel anzulegen. Dafür versprach
er ihm, sich die Verbreitung seiner Bücher angelegen sein zu
lassen. Er hatte dies schon früher übernommen. [2]) Zwischen
Nürnberg und Erfurt, einem Stapelplatze für den Norden, bestand ein sehr lebhafter Handel, an dem auch die Geistlichen sich
eifrig betheiligten. Wie sie Kornwucher trieben, so auch besonders Weingeschäfte. [3]) Dieser Verkehr gab Scheurl nicht nur
Gelegenheit zu einem regen Briefwechsel mit dem Freunde, sondern ermöglichte ihm auch, größere Sendungen von Büchern
zu beziehen, deren Vertrieb im Süden Deutschlands er von Nürnberg aus besorgte, wie er andererseits sich beeilte, politische und
literarische Neuigkeiten, die man auf dem Nürnberger Welt-
markte zuerst hatte, Trutfetter bald mitzutheilen. Er suchte die
Freiburger „Modernen," die einen eignen Boten nach Erfurt
sandten, um Trutfetters Schriften zu holen, noch mehr für den
Freund zu begeistern. [4]) Er schickte die Bücher auf die Frankfurter Messe, [5]) wie nach Ingolstadt, und ließ den Erlös an

---

1) Scheurl schreibt am 13. März 1516, Briefb. 1, 153: quam nunc
in manibus habes moralem philosophiam.

2) Auch sonst dienten Privatleute wohl den Buchhändlern beim Vertriebe der Bücher: vgl. Oskar Hase, die Koburger, Buchhändler-Familie
zu Nürnberg. Eine Darstellung des deutschen Buchhandels in der Zeit
des Uebergangs von der scholastischen Wissenschaft zur Reformation; S. 65.

3) Kampschulte a. a. O. 2, 112; B. Schwarz, Jakob Wimpheling S. 59 und 191. Scheurls Briefb. 2, 28.

4) Briefb. 1, 123; vgl. besonders den Brief v. 25. Aug. 1513. Dann
Briefb. 1, 137, 143.

5) Die Bedeutung der Frankfurter Messe für den Buchhandel begann

Trutfetter zurückgehen. Dabei hatte er freilich nicht immer blos
Günstiges zu berichten. Nach dem Erscheinen der neuen Auflage
des Breviarium klagte er von Nürnberg, [1]) dort habe man mit
Ausnahme des einen Johannes Cochläus für so etwas kein Ver=
ständnis. Von Basel mußte er schreiben, daß dort des billigen
Papieres wegen der Nachdruck in unverschämtem Maaße getrie=
ben werde. [2]) Zu Ingolstadt giengen die Bücher deswegen nicht
mehr recht ab, weil Johann Eck Aehnliches geschrieben hatte
und nun dem Vertriebe fremder Waare entgegentrat. [3]) Scheurl
schrieb, die dortigen Buchhändler wollten ihm wieder zurückge=
ben, was sie schon gekauft hätten, und er selbst mußte eine
bereits in Erfurt gemachte Bestellung zurücknehmen.

Blicken wir noch einmal auf Trutfetters letzte schriftstellerische
Arbeit zurück, denn das war die 1518 in zweiter Auflage er=
schienene „Philosophie der Natur,“ so sehen wir ihn hier gerade
so auftreten, wie wir ihn von früher her kennen. Die Sorge
für die akademische Jugend, der Wunsch, ihr das bisher so ver=
wickelte Studium zu erleichtern, drückt ihm die Feder in die Hand,
und im Verhältnisse zu den Parteien stellt er sich nach wie vor
zu den „Modernen“ und sucht den von ihm als für die Wissen=
schaft nützlich erkannten Verkehr mit den Humanisten aufrecht
zu erhalten. Der damalige „König“ der Erfurter „Poeten“ Eo=
banus Hessus schmückt sein Buch mit einem Gedichte; unter den
Erfurter Tischgenossen Trutfetters finden wir z. B. den begeister=
ten Humanisten Justus Jonas, [4]) und Scheurl durfte dem Freunde
als etwas Lobenswerthes schreiben: qui haec praeclara studia
a vera philosophia nunquam sejunxisti. [5])

---

eben damals mit dem Reuchlinschen Streit; vgl. Oskar Hase, die Ko=
burger S. 67 ff.

   1) Briefb. 1, 121.

   2) Briefb. 1, 125. Zur billigen Beurtheilung des damaligen Nach=
drucks vgl. Osk. Hase, die Koburger, S. 43 f. Derselbe bemerkt sonst
S. 29, daß die Thätigkeit der Frobenschen Officin öfter aus Papiermangel
stockte.

   3) Briefb. 1, 153.

   4) Briefb. 2, 23.

   5) Briefb. 1, 121.

Eins scheint sich nun freilich mit dem zuletzt erwähnten nicht recht zu vertragen: die Theilnahme Trutfetters an der Reuchlinistenfehde. Die jüngere Generation der Humanisten war herangewachsen und besonders unter der Schulung Mutians sich ihrer Kraft bewußt geworden. Der ungeschickte Handel Pfefferkorns mit Reuchlin gab ihr Gelegenheit, diese zu zeigen, und sie ließ sich solche Gelegenheit nicht entgehen. Von da an galt es Entscheidung für Humanismus oder Scholastik. Eine beiden Geistesrichtungen befreundete Stellung schien nicht mehr möglich zu sein. Auch Trutfetter ward in diesen Entscheidungskampf hineingezogen. Eine genauere Betrachtung aber dessen, was er wirklich that, und besonders die Auskunft, welche der Scheurl'sche Briefwechsel bietet,[1] läßt verstehen, wie er dennoch seinen bisherigen Standpunct wahren konnte, ohne daß auf seinen Charakter ein Flecken fiel.

Die Erfurter theologische Facultät gab gemeinsam mit der juristischen das von ihr geforderte Gutachten erst im Frühling 1511 ab.[2] Trutfetter war also jedenfalls an demselben betheiligt. Nun ist aber einmal zu beachten, daß man es der Facultät abverlangt hatte; von einem selbstwilligen Eintreten in die Sache war also keine Rede. Und dann handelte es sich damals nicht um die Person Reuchlins, sondern um die Judenbücher. Nun kennen wir den Wortlaut des Erfurter Gutachtens nicht mehr, und da ist es jedenfalls bedenklich, zu sagen, „es habe von der hebräischen Literatur in einem ziemlich unfreundlichen Tone gesprochen."[3] Nach dem, was uns über den Inhalt berichtet wird,[4] müssen wir urtheilen, daß die Erfurter nach den damaligen Zeitanschauungen und dem Stande der da-

1) Briefb. 1, 134, 144, 148, 165, 168; 2, 11, 23, 46.
2) L. Geiger, Johann Reuchlin S. 236.
3) So Kampschulte a. a. O. 1, 2, 152.
4) Hutteni opp. ed. Boecking; Supplem. 1, 136: Caesaream majestatem ac ita quemvis alium principem per terminos sui dominii teneri, nedum decere, ut a Judaeis libros falsitate ac blasphemiis christiani nominis notatos, quibus in sui perniciem educantur et quasi ab uberibus odium in Christi salvatoris nostri nomen sugunt, quicunque illi sint, prorsus tollat.

maligen Gesetzgebung sich kaum anders aussprechen konnten, als sie thaten. Wir machen dies auch für das Kölnische Gutachten geltend,[1]) ja behaupten, daß weitaus die meisten Humanisten, wenn diese Frage ihnen vorgelegt wäre, ebenso geantwortet haben würden.

Etwas weiter gieng das zweite Gutachten, zu dem die Erfurter veranlaßt wurden, das im September 1513 über Reuchlins Augenspiegel abgegebene[2]). In ihm war Reuchlins Schrift allerdings als ärgerlich zum Feuer verurtheilt, aber man merkt dem ganzen Gutachten sehr wohl an, wie unangenehm es den Verfassern desselben war, daß sie sich zu äußern hatten[3]), und nachdrücklich betonten sie, daß durch ihr Urtheil Reuchlin selbst, ein so gelehrter und unbescholtener Mann, in keiner Weise beschimpft oder verletzt werden solle (citra tamen autoris sui notam ac ignominiam).

So stand Trutfetter mit seinen Facultätsgenossen officiel sozusagen in der Reihe der Gegner Reuchlins[4]). Aber wie er sich das letzte, dem Eifer der Kölner nicht genügende, Urtheil nur hatte abnöthigen lassen, so wollte er jetzt nicht weiter mit den Eiferern gehen. Kampschulte hat urkundlich nachgewiesen[5]), wie sehr damals die Vertreter der Scholastik in Erfurt bemüht waren, sich in einem leiblichen Vernehmen mit den aufgeregten Poeten zu erhalten, und vor Allem wird das von Trutfetter zu gelten haben. Er that damit ja nur, was er von jeher gethan. Mutian zwar hetzte unaufhörlich und wollte von keiner Schonung etwas wissen. Aber es folgten ihm darin doch nicht alle seine Zöglinge und am wenigsten thaten sie es gegenüber dem ihnen seit langem ehrwürdigen Trutfetter. Wir sehen es an dem, wie Eobanus Hessus, der angesehenste unter den jüngern Humanisten, sich zu dem Theologen stellte.

Trutfetter spielte beim weiteren Verlaufe des Reuchlinisten-

---

1) Ibid. 1, 94.
2) Ibid. 1, 136—137.
3) Vgl. dazu L. Geiger, Johann Reuchlin S. 283 f.; Kampschulte a. a. O. 1, 164.
4) Dies meint das contra vos in Scheurls Briefb. 1, 144.
5) A. a. O. 1, 167 ff.

handels die Rolle eines Zuschauers, der sich öffentlich nicht mehr äußerte [1]). Je schroffer die Gegner Reuchlins auftraten, um so weniger, scheint es, fühlte er noch für sie, und im Freundes=kreise wird er sein Urtheil nicht zurückgehalten haben. Wie er durch Scheurl sich überhaupt humanistische Schriften, z. B. die des Erasmus verschaffte, so ließ er sich durch ihn auch über den Gang des Reuchlinschen Processes auf dem Laufenden erhalten. Bei ihm fragte er nach den Briefen der Dunkelmänner an, durch ihn erhielt er die Vertheidigung Pfefferkorns, von der Scheurl meinte, daß sie ihn wohl nicht sonderlich interessiren werde. Scheurl schickte ihm auf Reuchlin bezügliche Briefe und endlich im Frühling 1518 die lamentationes obscurorum viro-rum, die neue Apologie Hochstratens und die von Reuchlinscher Seite herausgegebenen Prozeßacten [2]), mit dem Bemerken, er hoffe, daß dies dem Freunde und dessen Tischgenossen ein rechtes Ergötzen bereiten werde.

So stimmt das, was wir hierüber aus Scheurls Brief=wechsel erfahren, ganz zu dem, was wir sonst über Trutfetter wissen, und auch noch einige andere Züge, die wir jenen Briefen entnehmen können, ergänzen uns nach verschiedenen Seiten hin nur das bekannte Bild.

Es dient mehr zur Charakteristik Scheurls als Trutfetters, wenn wir lesen, daß jener, der nach seinem eigenen Geständnisse die Leidenschaft hatte, möglichst viele Freundschaftsverhältnisse zu stiften, damit auch diesem zu dienen suchte. So bot er ihm die Freundschaft des Nürnbergers Georg Behem, Licentiat der Theo-logie und seit 1513 Probst bei St. Lorenz, an [3]); so kam durch ihn Albrecht Dürer dazu, Trutfetters Freundschaft zu suchen und ihm ein Geschenk zu schicken [4]). Und ganz besonders lag Scheurl daran, Johann Eck, den aufstrebenden Ingolstädter

---

1) In dem Katalog der Reuchlin günstigen Gelehrten, den Pirkheimer in seiner im September 1517 gedruckten epistola apologetica giebt, von der Hardt, historia literaria reformationis 2, 136, steht Trut=fetter nicht. Ueber Zweck und Werth dieses Katalogs vgl. übrigens K. Otto, Johannes Cochläus der Humanist S. 70 f.

2) Vgl. über sie L. Geiger, Joh. Reuchlin S. 290—291.

3) Briefb. 1, 104, 114; 2, 3.

4) Briefb. 2, 10.

Lehrer, in ein näheres Verhältniß wie zu Luther, so auch zum Erfurter Theologen zu bringen. Aber gerade dies bot viel Schwierigkeiten und scheint ihm wenig Dank eingebracht zu haben.

Die erste Gelegenheit, Ecks gegen Trutfetter zu erwähnen, war, als er ihm 1514 die Thesen über den Wucher zuschickte, über welche jener in Ingolstadt hatte disputiren wollen[1]. Der Bischof von Eichstädt als Ingolstädter Canzler hatte die Dispu= tation vor der Hand untersagt und ließ dann durch Scheurl bei mehreren Gelehrten, unter ihnen auch bei Trutfetter, an= fragen, wie er sich weiter in der Sache verhalten solle. Scheurl mußte dabei die Bemerkung machen, daß Eck zu seinem Auf= treten von Augsburger Handlungshäusern bestochen worden[2], und schon jetzt behaupteten deswegen die Kaufleute in den süd= deutschen Handelsstädten, daß ihre Wuchergeschäfte recht und erlaubt seien. Das war jedenfalls keine gute Einleitung der Bekanntschaft. Wie Trutfetters Gutachten, für welches Scheurl dankte, gelautet hat, wissen wir nicht mehr; aber in keinem Falle war es günstig für Eck. Der Bischof erhielt sein Verbot auf= recht und Eck mußte, um disputiren zu können, sich nach Wien und Bologna begeben. — Anderthalb Jahre später traf Scheurl mit Eck in Ingolstadt zusammen. Da bat dieser jenen, ihm die Freundschaft des berühmten Theologen zu vermitteln, und Scheurl schrieb alsbald um dies zu erwirken. Aber Trutfetter zeigte sich sehr zurückhaltend. Er antwortete so lange gar nicht, daß Eck darüber ungeduldig ward, und als er endlich antwortete, muß dies so wenig warm und entgegenkommend geschehen sein, daß auch Scheurl damit gar nicht zufrieden war und mit rührenden Worten bat, jener möge doch nicht so gar spröde sein und von

---

1) Briefb. 1, 134; dann 135, 136, 137, 138, 143, 148. Näheres bei Wiedemann, Dr. Johann Eck S. 54 ff. und Karl Otto, Jo= hannes Cochläus der Humanist, 1874, S. 60 ff.

2) Briefb. 1, 137: putavi etiam te movere debere, quod iste Eckius, juvenis et intimidus theologus et juris indagator, nullo bono zelo, sed a mercatoribus Augustanis corruptus pollicitationibus et pecunia accepta hanc provinciam sibi desumpsit, qui hodie glorian= tur et contractus suos licitos defendunt. Otto a. a. O. S. 61 schwächt das ab in „angeregt"!

benen, die seine Freunde zu werben begehrten, nicht zu viel ver=
langen [1]). Ueber den weiteren Verlauf erfahren wir nichts; das
Bisherige aber werden wir dem Erfurter Theologen nur zur
Ehre anrechnen können.

Bezeichnend für Trutfetter ist, daß er einst bei dem Zu=
sammenleben in Wittenberg Scheurl das Versprechen abnahm,
nicht heirathen zu wollen [2]), und es scheint fast, als habe Scheurl
eine Zeit lang durch dies Versprechen sich gebunden gefühlt.
Ueberhaupt trug seine Frömmigkeit durchaus das damalige kirch=
liche Gepräge; wir können nicht die mindeste Abweichung nach=
weisen. Von Scheurl ließ er sich erwirken, daß die Nonnen im
Nürnberger St. Claraklofter, welches damals unter der Leitung
der Charitas Pirkheimer stand, für ihn beteten [3]), bestellte sich
später durch ihn Messen für seine verstorbene Schwester und
empfahl dieselbe der Fürbitte der Tante und der Schwestern des
Freundes [4]). Er selbst gedachte der verstorbenen Mutter Scheurls
täglich bei seinem Meßopfer [5]). Und zu ganz besonderem Danke
verpflichtete er sich den Freund dadurch, daß er ein ihm zuge=
sandtes Bild des h. Christophorus, des Scheurl'schen Schutz=
patrons, weihen und mit Reliquien und Ablaßprivilegien aus=
statten ließ [6]).

---

1) Briefb. 1, 153, 167.

2) Briefb. 1, 103 f. Brief v. Nov. 1512: stipulatus sum aliquando tibi mei amantissimo propter gravissimum consilium tuum
non ducturum uxorem, quumque viderentur thalami mei expeti, me-
mini fidei praestitae. Scheurl heirathete erst 1519.

3) Briefb. 1, 114. Ueber jene Scheurl wie Trutfetter geistesverwandte
Aebtissin vgl. die freilich etwas einseitige Schrift von Franz Binder,
Charitas Pirkheimer, Freiburg 1873.

4) Briefb. 2, 11.

5) Briefb. 1, 165. Scheurl bat auch Luther, dies zu thun, 2, 2.

6) Briefb. 1, 142: mitto imaginem tribus aureis et paucis solidis
paratam et rogo eam benedici et instrui sanctorum reliquiis, ut ita
maneat apud matrem et me in deliciis; non erimus ingrati. 1, 148:
Christofferum refertum reliquiis etiam incertis ac indulgentiis insig-
nitam desideranter exspecto, modo literas publicas seu testes ad-
ferat. Nea opinione si quis coram imagine tantum oraverit, indul-
gentias confirmatas assequetur, quod si ita est, nihil sanctimonialibus
gratius donari poterit; graculatim sturnatimque, ut ita dicam, ora-

Trutfetter war Mann der Kirche und als solcher wirkte er natürlich auch auf seinen bedeutendsten Schüler, auf Martin Luther, ein. Aber wieweit gieng überall sein Einfluß auf diesen? Luther machte jedenfalls bei Trutfetter in den Jahren 1501— 1505 den philosophischen Cursus durch und zwar, wie sich bei der Magisterpromotion erwies, mit gutem Erfolge. Dadurch erhielt er eine tüchtige formale Schulung und des Lehrers Persönlichkeit machte einen tiefen und bleibenden Eindruck auf ihn; man sieht dies aus der Verehrung, mit der er auch später noch an ihm hieng, als ihre Wege auseinander giengen. Von Theologischem dagegen war bei diesem Unterrichte sachlich kaum die Rede.

Zum Magister der Philosophie promovirte Luther im Januar 1505 und sollte dann das Studium der Rechte beginnen. Da wird er also in der nächsten Zeit bei Trutfetter nicht gehört haben. Im Sommer 1505 trat er ins Kloster. Gleich darnach zersprengte die hereinbrechende Pest die Universität und störte den Unterricht. Auch wird Luther als Novize kaum zum Hören akademischer Vorlesungen gekommen sein. Zunächst hatte er mit der Exegese zu beginnen und wir wissen, daß er im Kloster das Schriftstudium mit großem Eifer betrieb. An der Universität aber war die Schrifterklärung der Regel nach Sache der jüngern Lehrer, zu denen Trutfetter nicht mehr gehörte. Luther widmete dann im Kloster auch den Scholastikern Zeit und Fleiß und zwar besonders den „modernen", aber der eigentliche Lehrer für das Kloster war wieder nicht Trutfetter, sondern Usingen, der freilich als Theologe ganz mit jenem übereinstimmte. Schon im Sommer 1507 verließ Trutfetter Erfurt und wenn Luther ihm dann auch im Spätherbst oder Winter 1508 nach Wittenberg folgte, so war sein dortiger Aufenthalt doch, wie schon bemerkt, nur ein kurzer, indem er schon im Frühling 1509 nach Erfurt

---

bunt. Nam praeter devotionem peculiarem sunt mei utpote illius sancti deditissimi in universum amantes, quae res tibi quoque cedet saluti eritque memoria perpetua. 1, 151: Christofferum nostrum cum incredibili voluptate accepi, unde episcopo et tibi gratias ago habeoque immortales.

zurückmußte, und von einem engeren Zusammenleben mit Trut=
fetter haben wir keine Spur. Jedenfalls war dieser in Witten=
berg nicht mehr Luthers Lehrer.

So glaube ich, behaupten zu müssen, daß der unmittelbare
Einfluß, den der berühmte Erfurter Theologe eben als Theologe
auf den werdenden Luther übte, kein sehr großer war. Man
wird nur sagen dürfen, daß das bedeutendste theologische Vorbild,
welches Luther so zu sagen vor Augen lebte, ihn auf ein eifriges
Studium besonders der jüngeren Scholastik hinwies, ohne ihn
dadurch in einer einseitigen Richtung, sei es gegen die Antiqui,
sei es gegen den Humanismus, zu verfestigen. Und von hervor=
ragender Bedeutung war es, daß eben dieser angesehene Ver=
treter der Wissenschaft ihm zugleich als sittlich tüchtiger Charak=
ter und als ein Muster kirchlicher Frömmigkeit erschien. Das
mußte ihn in seiner Liebe zur Kirche und seiner Ehrfurcht vor
ihren Vertretern bestärken.

Als Luther zum zweiten Male nach Wittenberg kam, war
Trutfetter nicht mehr dort. Mit eigenen Augen sah dieser die
theologischen Anfänge und Fortschritte seines ehemaligen Schü=
lers nicht. Aber er erfuhr von ihnen. Luther selbst stand mit
ihm in Briefwechsel, und als er erst anfieng, mit seinen An=
schauungen freier hervorzutreten und sie in Disputationen zu
vertheidigen, sandte er solche Sätze auch Trutfetter zu. Da zeigte
sich denn bald das Auseinandergehen. Luther erstrebte eine
gründliche Reformation des theologischen Studiums durch Sturz
der Scholastik und Rückkehr zu den ältesten Vätern und beson=
ders zur h. Schrift[1]). Eine gewisse Erneuerung des Studiums
wünschte seit langem auch Trutfetter; wir sahen, wie gerade
seine schriftstellerische Thätigkeit sich auf dies Ziel richtete. Aber
was nun Luther anbahnte, gieng weit über das hinaus, was er
für recht hielt. Der Schüler wollte das beseitigen, was zu
pflegen der Lehrer für seine Hauptaufgabe erachtete, dem mit
allen Kräften gedient zu haben, ihm der Stolz seines Lebens
war. Trutfetter arbeitete an einer gewissen Reinigung und Verein=
fachung der scholastischen Philosophie und Theologie; Luther

---

1) Vgl. meine Einleitung in die Augustana 1, 73.

erklärte, beide seien einem rechten christlichen Theologen nicht nur nicht nützlich, sondern schädlich.

Bei solcher Grundverschiedenheit der Anschauungen konnte natürlich ein Einvernehmen nicht mehr zwischen ihnen bestehen. Schon im Februar 1516 schrieb Luther nach Erfurt, er habe eine Fülle von Waffen gegen die ganz unützlose Schriftstellerei Usingens und Trutfetters[1]. Im März des nächsten Jahres war es ihm zweifelhaft, ob Dr. Jodocus sich noch dazu verstehen werde, ihm zu antworten[2]. Und im September erbot er sich, selbst nach Erfurt zu kommen, um dort über eben von ihm herausgegebene Sätze zu disputiren[3]. Diese 99 Sätze, über welche in Wittenberg unter Luthers Vorsitz disputirt ward[4], wandten sich einmal auf das allerschärfste gegen die Scholastik, besonders gegen deren neuere Vertreter wie Okkam und Biel. So lautete der 50. Satz: breviter, totus Aristoteles ad theologiam est tenebrae ad lucem. Contra scholasticos. Dann aber bekämpften sie auch sehr entschieden die damalige kirchliche Heilslehre, den herrschend gewordenen und von den Theologen vertheidigten Semipelagianismus. Non efficimur justi justa operando, sed justi facti operamur justa. Contra philosophos. — Tota fere Aristotelis ethica pessima est gratiae inimica. Contra scholasticos.

Dies mußte den Gegensatz nur noch schärfer machen. Man hatte in Erfurt keine Lust, sich auf die Sache einzulassen. Luthers Erbieten, zu einer Disputation zu kommen, nahm man nicht an. Dennoch brach Trutfetter auch jetzt noch den schriftlichen Verkehr nicht ab. Scheurl, der schon ganz auf Luthers Wünsche und Hoffnungen eingieng[5], konnte ihn noch im Win-

1) be Wette 1, 16.
2) be Wette 1, 52.
3) be Wette 1, 60.
4) Sie stehen: Lutheri opera latina varii argumenti, edit. Erlang. 1, 315 sqq.
5) Briefb. 2, 23. Brief an Tr. vom 30. Sept. 1517: persuasus sum secuturam quandoque mutationem grandem studiorum theologicorum, ut etiam quis christianus theologus evadere possit absque Aristotele et Platone, cujus opera veneunt sesquiaureo. Quantum ad id laboret Martinus Luder, ex disputatione sua intelligere potes.

ter 1517 bitten, eine Schrift von Staupitz, die er ihm zuschickte, dann an Luther weiter zu senden [1]). Und auch dieser trug kein Bedenken, was er in der nächsten Zeit veröffentlichte, so die Ablaßthesen und den deutschen Sermon von Ablaß und Gnade, an Trutfetter gelangen zu lassen. Er erhielt hierauf Antworten in den schärfsten Ausdrücken, in welchen ihm gesagt ward, daß er weder Philosophie noch Theologie verstehe. Aber Trutfetter schrieb doch so, daß Luther merkte, hier rede kein blinder Fanatismus, sondern immer noch wirkliche Sorge des Lehrers um den Schüler [2]); und darum gab er die Hoffnung auf Verständigung nicht ganz auf. Bei der Rückreise von der Heidelberger Disputation, die er im Mai 1518 über Erfurt machte und bei der er während der Fahrt mit seinem Ordensgenossen Usingen sich abzumühen hatte, suchte er Trutfetter auf, um zu sehen, was etwa durch persönliche Aussprache sich erreichen lasse. Erst an der Thüre abgewiesen, da jener angegriffen und zu aufgeregt sei, schrieb er ihm aus dem Erfurter Augustinerkloster einen offenen und doch entgegenkommenden Brief. Hierauf ward er vorgelassen und es kam zu einer längeren Verhandlung zwischen beiden; aber das Ergebnis war nicht das von Luther gewünschte. Trutfetter war nur so weit zu bringen, daß er einsah, er könne Luther nicht widerlegen [3]). Dennoch versuchte er dies noch einmal und sandte Luther einen mit großer Erregung geschriebenen [4]) Brief nach, in welchem er ihm das mündlich Gesagte wiederholte. Aber nun brach Luther, der wie es scheint [5]) vorher auch noch einmal über die Nutzlosigkeit der scholastischen Dialektik an Trutfetter geschrieben hatte, ab. Er erkannte, daß es vergebliche Mühe sei, den von Jugend auf in den Irrthum Eingelebten und mit ihm Verwachsenen von demselben abbringen

---

1) Briefb. 2, 29, 41; dazu be Wette 1, 80.
2) be Wette 1, 107, 111.
3) be Wette 1, 111: id saltem effeci, ut intelligeret, se non posse sua probare nec mea confutare, immo et ipsorum potius sententias esse eam bestiam, quae se ipsam fertur comesse.
4) be Wette 1, 130: zelo magno, sic enim honestare oportet hominis passionissimas passiones, plenissimas.
5) be Wette 1, 127.

zu wollen. Vom Juli 1518 an haben wir kein Zeichen des Verkehres zwischen beiden Männern mehr.

Als Luther im Mai 1518 seinen Lehrer in Erfurt besuchte, fand er diesen leidend. Und solche Kränklichkeit scheint sich schon länger bei Trutfetter gezeigt zu haben. Bereits im October 1517 schrieb Scheurl sehr besorgt darüber und bat ihn bringend, sich zu schonen [1]). Nach den Worten dieses Briefes konnte Trut= fetter das Erfurter Klima, besonders im Winter, nicht mehr vertragen. Scheurl lud ihn daher ein, zu ihm nach Nürnberg zu kommen und in seinem väterlichen Hause zu wohnen. Die Bürgerschaft werde ihn mit offenen Armen aufnehmen; er könne dort arbeiten und auch an Gelegenheit zum Predigen werde es ihm nicht fehlen. Allein Trutfetter folgte der Einladung nicht, sondern bot vielmehr dem Freunde Aufnahme bei sich an [2]). Er scheint überhaupt Erfurt nicht mehr verlassen zu haben. Gerade seine Kränklichkeit mochte ihn fesseln. —

Ueber seine letzten Tage wissen wir nichts. Schon im Juni 1519 verbreitete sich in Wittenberg das Gerücht, er sei gestor= ben [3]). Aber es war ein falsches, vielleicht dadurch veranlaßt, daß die Kränklichkeit zunahm. Erst am 7. Dec. erhielt Luther die sichere Nachricht, daß sein Lehrer aus dem Leben geschie= den sei [4]).

Luther schrieb damals, er fürchte, daß auch durch ihn, d. h. durch seine reformatorische Wirksamkeit, des noch nicht so be= jahrten Mannes Abscheiden beschleunigt sei. Und soviel ist ge= wiß, daß Trutfetter der Lebensabend durch das starke Fort= schreiten der Reformation sehr getrübt ward. Aber ähnlich wird es beim Wendepuncte einer alten und einer neuen Zeit immer

1) Briefb. 2, 29.
2) Briefb. 2, 47.
3) be Wette 1, 281.
4) be Wette 1, 373: hac hora ex socero Lucae pictoris audivi, excessisse e vivis D. Doctorem Jodocum Isenacensem Erfordiae. Timeo et me causam acceleratae suae mortis fuisse; tantum aegritudinis fuit animo ejus ex meis, ut dicitur, profanitatibus et temeritatibus, quibus scholasticam theologiam doluit incredibiliter contemni. Dominus misereatur animae illi. Amen.

sehr Vielen, besonders im Alter Vorgeschrittenen gehen, ohne daß man daraus schon denen, die im Dienste der neuen Zeit stehen und sie heraufführen helfen, einen Vorwurf machen dürfte.

Trutfetter, der Lehrer Luthers, war einer der tüchtigsten Vertreter der Scholastik in der Zeit, in welcher es mit ihrer Herrschaft schnell zu Ende gieng. Er zeichnete sich aus durch Scharfsinn und eine umfassende Gelehrsamkeit. Ihn zierte eine aufrichtige Frömmigkeit. Er war ein sittlich tüchtiger Charakter, eine durchweg edle, wohlthuende Erscheinung. Seine Zeit ehrte ihn als einen großen Philosophen und Theologen. Dieser Ruhm ist zu nichte geworden, denn die Philosophie und Theologie, denen er sein Leben weihte, taugten nichts. Er selbst sah es für seine wichtigste Aufgabe an, ein rechter Lehrer zu werden und die akademische Jugend zu wahrem Verständnisse in der Wissenschaft zu führen. Und dadurch hat er erreicht, daß sein Name fortlebt. Der einst gefeierte Scholastiker ist verschollen; wer kümmert sich noch um seine Schriften? Aber der eifrige und treue Lehrer, dessen zürnende Worte selbst noch ein väterliches Herz spüren ließen und an welchem daher der größere Schüler allezeit mit Liebe hieng, wird nicht vergessen werden.

Nachtrag.

Zu S. 18. Anm. — Nach Prantl, Gesch. d. Logik 4, 263 schrieb Johann Gebwiler in Basel 1511 einen Parvulus logicae. Wie verhält sich der nun zu dem von Scheurl erwähnten Parvulus philosophiae? — Dieser Joh. Sattler oder Sellatoris von Gebwiler ist zu unterscheiden von dem etwas älteren Theologen Johann Gebwiler von Colmar; vgl. W. Bischer, Gesch. d. Univ. Basel S. 183 u. 224 f.